中华精神家园

杰出人物

艺术大家

艺术大师与杰出之作

肖东发 主编　谢登华 编著

中国出版集团

现代出版社

图书在版编目（CIP）数据

艺术大家 / 谢登华编著. — 北京：现代出版社，
2014.11（2020.01重印）
（中华精神家园丛书）
ISBN 978-7-5143-3093-9

Ⅰ．①艺… Ⅱ．①谢… Ⅲ．①艺术家－生平事迹－中
国－古代 Ⅳ．①K825.7

中国版本图书馆CIP数据核字(2014)第259250号

艺术大家：艺术大师与杰出之作

总 策 划：陈 恕
主 　 编：肖东发
作 　 者：谢登华
责任编辑：王敬一
出版发行：现代出版社
通信地址：北京市定安门外安华里504号
邮政编码：100011
电 　 话：010-64267325 64245264（传真）
网 　 址：www.1980xd.com
电子邮箱：xiandai@cnpitc.com.cn
印 　 刷：山东省东营市新华印刷厂
开 　 本：710mm×1000mm 1/16
印 　 张：11
版 　 次：2015年4月第1版 2020年1月第3次印刷
书 　 号：ISBN 978-7-5143-3093-9
定 　 价：40.00元

党的十八大报告指出："文化是民族的血脉，是人民的精神家园。全面建成小康社会，实现中华民族伟大复兴，必须推动社会主义文化大发展大繁荣，兴起社会主义文化建设新高潮，提高国家文化软实力，发挥文化引领风尚、教育人民、服务社会、推动发展的作用。"

我国经过改革开放的历程，推进了民族振兴、国家富强、人民幸福的中国梦，推进了伟大复兴的历史进程。文化是立国之根，实现中国梦也是我国文化实现伟大复兴的过程，并最终体现为文化的发展繁荣。习近平指出，博大精深的中国优秀传统文化是我们在世界文化激荡中站稳脚跟的根基。中华文化源远流长，积淀着中华民族最深层的精神追求，代表着中华民族独特的精神标识，为中华民族生生不息、发展壮大提供了丰厚滋养。我们要认识中华文化的独特创造、价值理念、鲜明特色，增强文化自信和价值自信。

如今，我们正处在改革开放攻坚和经济发展的转型时期，面对世界各国形形色色的文化现象，面对各种眼花缭乱的现代传媒，我们要坚持文化自信，古为今用、洋为中用、推陈出新，有鉴别地加以对待，有扬弃地予以继承，传承和升华中华优秀传统文化，发展中国特色社会主义文化，增强国家文化软实力。

浩浩历史长河，熊熊文明薪火，中华文化源远流长，滚滚黄河、滔滔长江，是最直接的源头，这两大文化浪涛经过千百年冲刷洗礼和不断交流、融合以及沉淀，最终形成了求同存异、兼收并蓄的辉煌灿烂的中华文明，也是世界上唯一绵延不绝而从没中断的古老文化，并始终充满了生机与活力。

中华文化曾是东方文化摇篮，也是推动世界文明不断前行的动力之一。早在500年前，中华文化的四大发明催生了欧洲文艺复兴运动和地理大发现。中国四大发明先后传到西方，对于促进西方工业社会的形成和发展，曾起到了重要作用。

　　中华文化的力量，已经深深熔铸到我们的生命力、创造力和凝聚力中，是我们民族的基因。中华民族的精神，也已深深植根于绵延数千年的优秀文化传统之中，是我们的精神家园。

　　总之，中华文化博大精深，是中国各族人民五千年来创造、传承下来的物质文明和精神文明的总和，其内容包罗万象，浩若星汉，具有很强的文化纵深，蕴含丰富宝藏。我们要实现中华文化伟大复兴，首先要站在传统文化前沿，薪火相传，一脉相承，弘扬和发展五千年来优秀的、光明的、先进的、科学的、文明的和自豪的文化现象，融合古今中外一切文化精华，构建具有中国特色的现代民族文化，向世界和未来展示中华民族的文化力量、文化价值、文化形态与文化风采。

　　为此，在有关专家指导下，我们收集整理了大量古今资料和最新研究成果，特别编撰了本套大型书系。主要包括独具特色的语言文字、浩如烟海的文化典籍、名扬世界的科技工艺、异彩纷呈的文学艺术、充满智慧的中国哲学、完备而深刻的伦理道德、古风古韵的建筑遗存、深具内涵的自然名胜、悠久传承的历史文明，还有各具特色又相互交融的地域文化和民族文化等，充分显示了中华民族的厚重文化底蕴和强大民族凝聚力，具有极强的系统性、广博性和规模性。

　　本套书系的特点是全景展现，纵横捭阖，内容采取讲故事的方式进行叙述，语言通俗，明白晓畅，图文并茂，形象直观，古风古韵，格调高雅，具有很强的可读性、欣赏性、知识性和延伸性，能够让广大读者全面接触和感受中国文化的丰富内涵，增强中华儿女民族自尊心和文化自豪感，并能很好继承和弘扬中国文化，创造未来中国特色的先进民族文化。

　　　　　　　　　　　　　　　　　　　　　　　　　　　青东发

　　　　　　　　　　　　　　　　　　　　　　　　　2014年4月18日

上古时期——乐坛鼻祖

中古时期——艺术先驱

近古时期——艺苑大师

近世时期——艺坛师范

春秋战国是我国历史上的上古时期。在这一时期的艺术中，音乐艺术有突出的表现。周公旦制礼作乐，使各种仪式更加规范，当时被称为"瞽蒙"的乐官开始出现，如师旷和师涓，他们精通乐器，服务于宫廷诸多仪式中。此外，民间俗乐开始兴起，出现了伯牙和他的老师成连这样的民间琴师。

上古时期的乐师及其音乐是我国音乐艺术的先声，对我国说唱音乐艺术的传播作出了不可磨灭的贡献。

乐坛鼻祖

音乐造诣极高的师旷

师旷，字子野，又称晋野，因双目不能视物，故自称盲臣、瞑臣，生于春秋时期晋国羊舌食邑，即今山西省洪洞县。春秋末年著名乐师。曾担任晋国大夫。师旷在晋悼公初年进入宫廷担任主乐大师，凭借其艺术造诣、满腹经纶和善辩口才赢得悼、平二公的信任，悼公末抑或平公时为太宰，是著名的政治家、教育家、音乐家。

师旷艺术造诣极高，精音律，善弹琴，会鼓瑟，尤精音乐。有极强的辨音能力，所创作《阳春白雪》在艺术上取得了极高造诣，为世人称颂。

■ 春秋著名乐师师旷雕像

■ 古代听琴图

师旷不是天生的盲人。师旷曾经说自己之所以不能专于音律，就是因为眼睛看到的东西太多，致使心有所想，于是就用艾草薰瞎双眼以专于音律。由于师旷专心研究音律，他在艺术上取得了极高造诣，为世人仰慕。

师旷还善于用琴声来表现自然界的音响，描绘飞鸟飞行的优美姿态和鸣叫。他听力超群，有很强的辨音能力，并且是个音感特别敏锐的人。在汉代以前的文献中，常以师旷代表音感特别敏锐的人。

先秦哲学家庄子在他的《齐物论》中说："师旷甚知音律。"

有一次师旷听到晋平公铸造的大钟音调不准，就直言相告，晋平公不以为然，后经卫国乐师师涓证实，果然如此。

春秋时期，乐律问题带有相当神秘的色彩，乐师往往被吸收来参与军国大事，卜吉凶，咨询，一时备受推崇。

晋平公 姬姓名彪，公元前557年至公元前532年在位。即位之初，与楚国发生湛阪之战，获得胜利。后来，令祁黄羊举贤，留下"内举不避亲，外举不避仇"的美誉。晚年听从师旷建议，从此开始了求学路。

晋悼公 春秋中期晋国的少主，也是政治天赋超群的英主。年仅26岁便称霸中原，匡复晋国霸权。他在位时重用贤臣，压制强族，整顿内政，联宋纳吴，纠合诸侯，将晋国霸业推至巅峰。

师旷不仅具有非凡的音乐才华，还曾凭借其满腹经纶和善辩的口才，赢得了晋悼公、晋平公的信任，被任命为掌乐太师，进而几乎参与了晋国内政、外交、军事等一系列事务。

我国二十四史之一的《周书》记载，师旷不仅擅琴，也会鼓瑟。另据春秋时史学家左丘明的《左传》记载，师旷通晓南北方的民歌和乐器调律。

在明、清的琴谱中，《阳春白雪》等曲解题为师旷所作。现存琴谱中的《阳春》和《白雪》是两首器乐曲，明太祖之子朱权编纂的《神奇秘谱》在解题中说："《阳春》取万物知春，和风淡荡之意；《白雪》取凛然清洁，雪竹琳琅之音。"

《阳春白雪》表现的是冬去春来，大地复苏，万物欣欣向荣的初春美景。旋律清新流畅，节奏轻松明快。《阳春白雪》在很多书籍里被解题时，都称它以清新流畅的旋律、活泼轻快的节奏，形象生动地表现了初春景象。

《阳春白雪》流传久远，对后世产生了深远影响。这首琴曲现在已经成为我国著名十大古曲之一，古琴十大名曲之一。

师旷注重正统音乐，认为可以通过音乐来传播德行。一次，晋平公新建的王宫落成了，要举行庆祝典礼。卫灵公为了修好两国关系，就率乐工前去祝贺。走到濮水河边，天色已黑，就在河边倚车歇息。

艺术大师与杰出之作

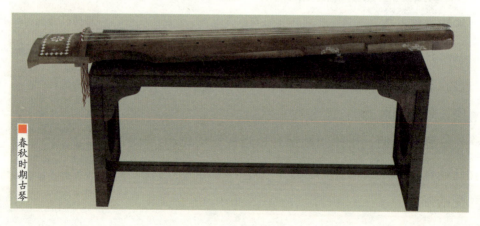

春秋时期古琴

卫灵公在欣赏夜景时，突然听到一阵曲调新奇的琴声，不禁心中大悦，于是命乐师师涓寻找这个奇妙的音乐，并把它记录下来。师涓领命，最后成功采录了乐曲。

来到晋国后，在晋国举行的欢迎卫灵公的宴会上，师涓为了答谢晋国的盛情款待，使出浑身解数弹奏起来。随着他的手指起落，琴声像绵绵不断的细雨，又像是令人心碎的哀痛哭诉。

坐在陪席上的晋国掌乐太师师旷面带微笑，用心倾听着。不一会儿，只见他脸上的笑容渐渐消失了，神色越来越严肃。

■ 古人听琴图

师涓刚将曲子弹到一半，师旷再也忍不住了，他猛地站起身，伸手按住师涓的手，断然喝道："快停住！这是亡国之音啊，千万弹不得！"

卫国国君一行人下不了台，忙责问师旷为什么说它是亡国之音。

师旷于是说："这是商朝末年乐师师延为暴君商纣王所作的'靡靡之音'。后来商纣王无道，被周武王讨灭了，师延自知助纣为虐害怕处罚，就在走投无路时，抱着琴跳进濮河自尽了。所以，这音乐一定是在濮河边听来的。这音乐很不吉利，谁要是沉醉于其中，谁的国家定会衰落。所以不能让师涓演奏完这支

濮水 流经春秋卫地，即所谓"桑间濮上"之濮。也称濮渠水。上下游分支很多，《汉书·地理志》和《水经注》等书所载径流不尽相同。后因济水干涸，黄河改道，故道渐埋。明清之际余流犹残存于长垣东明一带，俗称普河。

■ 春秋战国时古琴

艺术大师与杰出之作

曲子。"

但晋平公很不以为然，他命令师旷不要阻止，让师涓继续。师旷执拗不过，只能松手。师涓终于弹完了那支乐曲。

当最后一个音符消失，晋平公见师旷面带愠色，便问他这是什么曲调的乐曲。

师旷说这就是所谓的《清商》。

晋平公问《清商》是不是最悲凉的曲调？

师旷说还有比它更悲凉的《清徵》。

晋平公让师旷以《清徵》作为回礼来弹一曲，师旷坚决反对。他说："古代能够听《清徵》的，都是有德有意尽善尽美的大德之君。大王的修养还不够好，不能听！"

晋平公怒道："我不管什么德，什么义的，我只喜欢音乐。你快弹吧！"

师旷感到王命难违，只好坐下来，展开了自己的琴。当他用奇妙的指法拨出第一串音响时，便见有16只玄鹤从南方冉冉飞来，一边伸着脖子使劲鸣叫，一边排着整齐的队列展翅起舞。

当他继续弹奏时，玄鹤的鸣叫声和琴声融为一

师延 上古时期的神话人物。在轩辕黄帝之时，他为司乐之官，掌管着朝廷的音乐歌舞，为中华民族第一位乐神宗祖。夏末，投奔殷商，周武王兴师伐纣时，在涉濮水时沉水身亡。后世子孙以官名为氏，尊师延为得姓始祖。

体，在天际久久回荡。

　　曲终，晋平公和参加宴会的宾客无不是一片惊喜。晋平公亲自提着酒壶，离开席位边向师旷敬酒边问道："在人世间，大概没有比这《清徵》更悲怆的曲调了吧？"

　　师旷答道："不，它远远比不上《清角》。"

　　晋平公喜不自禁，就让师旷再奏一曲《清角》。

　　师旷急忙摇摇头说道："使不得！使不得！《清角》可是一支很不寻常的曲调啊！它是黄帝当年于西泰山上会集诸鬼神时而作的，怎能轻易弹奏？若是招来灾祸，就悔之莫及了！"

　　晋平公听后很是不快，他坚持让师旷演奏。

　　师旷见晋平公一定要听，无可奈何，只好勉强从命，拂袖弹琴。

　　当第一串玄妙的音乐从师旷手指流出，人们就见西北方向，晴朗的天空陡然滚起乌黑的浓云。

重器 本义是指青铜之器，肇始于夏，鼎盛于商周，衰微于春秋战国。尤其青铜"礼器"，其铸造之精美，品类之繁多，是商周文化中最具代表性的器物，并且具有"明贵贱，辨等列"的作用，所以又称之为"重器"。

■ 古代抚琴图

当第二串音响飘离殿堂时，便有狂风暴雨应声而至。

当第三串音响骤起，但见尖厉的狂风呼啸着，掀翻了宫廷的房瓦，撕碎了室内的一幅幅帷幔，各种祭祀的重器纷纷震破，屋上的瓦坠落一地。

满堂的宾客吓得惊慌躲避，四处奔走。晋平公也吓得抱头鼠窜，趴在廊柱下，惊慌失色地喊道："不能再奏《清角》了！赶快停止……"

师旷停手，顿时风止雨退，云开雾散。

在场所有的人打心底里佩服师旷的琴艺。卫国乐师师涓也大开眼界，激动地上前握住师旷的手说："你的技艺真可谓是惊天地，泣鬼神啊！"

一曲《清角》奏罢，竟然如此令人惊心动魄！

就在师旷奏过《清角》之后，晋国连续大旱3年，赤地千里，晋平公也从此一病不起。

由于师旷高超的琴技，人们便附会出许多师旷奏乐的神异故事。上述这些记载杂有世人渲染师旷琴技的成分，难免穿凿之嫌。但它从

师旷弹琴遗址

一个侧面反映了师旷深邃的艺术修养和精湛的技艺。

师旷的政治业绩并不亚于其艺术成就。现存先秦文献，有关师旷匡主裕民的记载颇多。《淮南子》记载："师旷譬而为太宰"。

太宰一职总六官之事，无所不统，足见其地位之显赫。晋国当时"始无乱政"，师旷"大治晋国"。师旷几乎参与了晋国内政、外交、军事等一系列事务，常向晋悼公、晋平公陈述以治国安邦之策。

师旷虽仅是一乐官，一生均在宫中生活，但他的地位不同于一般乐工，对政治有自己的见解，敢于在卫侯面前发表自己的意见。也向晋王提出了许多治国主张。

有一次，晋平公感叹师旷眼瞎，饱受昏暗之苦，师旷就以5种昏暗来规劝晋平公。他说："其一是君王不知臣子行贿博名，百姓受冤无处伸；其二是君王用人不当；其三是君王不辨贤愚；其四是君主穷兵黩武；其五是君王不知民计安生。"

晋平公听后沉默良久。

当卫献公因暴虐而被国人赶跑时，晋悼公认为民众太过分，师旷则反驳说："好的君主，民众当然会拥戴他，暴虐之君使人民绝望，为何不能赶他走呢？"

晋悼公听了觉得非常有道理，于是他又问起了治国之道，师旷简言之为"仁义"两字。

齐国当时很强盛，齐景公也曾向师旷问政，师旷提出"君必惠民"的主张，可见师旷具有强烈的民本主义思想，故他在当时深受诸侯及民众敬重。

史载师旷曾到过开封筑台演乐，至今遗址尚存。由此也可以看出，师旷是一位受到当时各国人民喜爱的艺术家。在后世的传说中，他被演化成音乐之神、顺风耳的原型及瞎子算命的祖师等。

艺术大家

艺术大师与杰出之作

阅读链接

晋平公有一次和臣子们喝酒，他得意地说："做国君最快乐了，国君的话没有谁敢违背！"

师旷正在旁边陪坐，听了这话，便拿起琴朝他撞去。

晋平公问："乐师，您撞谁呀？"

师旷故意答道："刚才有个小人在胡说八道，我很生气，于是就撞他了。"

晋平公说："说话的是我。"

师旷说："哟！这不是为人君主的人应说的话啊！"

晋平公表示要把师旷讲的话当作一个警告。师旷此举，表现出的是守上不阿的高尚品格和对晋国前途命运的忧虑之情。

卫国著名音乐家师涓

　　师涓，活动于卫灵公在位期间，我国春秋时期卫国著名音乐家。他以善弹琴而著称，并善于收集和弹奏民间乐曲，曾创作了大量新曲，有四时之乐，如表现春天的《离鸿》《应苹》，表现夏天的《明晨》《焦泉》《朱华》《流金》，表现秋天的《商飙》《白云》《落叶》，表现冬天的《凝河》《流阴》，《沉云》等。这些歌曲和乐曲风格新颖，曲调或轻快活泼或细腻深沉，脱离了雅颂的老框框，当时的群众听了都很喜爱。

　　这些新曲被当时的蘧伯玉视为靡靡之音、亡国之音，因而尽数销毁。至今只有如《离鸿》《朱华》《流金》《吹蓬》《凝河》等篇目保留下来。

■ 春秋时期卫国音乐家师涓画像

艺术大家

艺术大师与杰出之作

师涓是一个能写当代乐谱，善造新曲以取代古声的大音乐家，曾创作了大量的新曲。每有新作一定去宫内献演，遇到灵公特别喜爱的音乐作品，甚至连日演奏，不让离去。

师涓以弹琴著称，记忆超群，听力非凡，曲过耳而不忘。《韩非子·十过》记述了这样的故事：

师涓随卫灵公赴晋途中宿濮水之上，灵公夜半闻听曲声，以为是鬼神，就命师涓记写下来。到了晋国，师涓为晋平公援琴鼓曲。

但未及奏完，晋国乐师师旷制止说是商纣的"靡靡之乐"，并说"闻此声者其国必削"。

师涓只好停奏。师涓的音感特别好，他曾经帮助晋平公校验所铸造的编钟。在当时，晋国铸的大钟，晋国乐师师旷说钟音不准，晋平公不以为然，就请师涓证实。

师涓仔细辨听后，证实钟音确实不是很准。

卫国卫灵公也是一个音乐爱好者，师涓每有新作，一定先来宫内演奏给卫灵公听。遇有卫灵公特别感兴趣的作品，甚至可以连续演唱、演奏几天。结束

■ 出土的七弦古琴

时灵公总是热情赞扬，并给以优厚奖励。

这样一来却引起大臣蘧伯玉的不满。

一天，蘧伯玉上奏卫灵公，说师涓献给君王的音乐都是些淫乱弥漫之音，邪恶放纵之调，他不歌颂君王的文治武功，反而唱一些民间百姓庸俗之事。

还说师涓所造新乐破坏了古乐"雅""颂"的雍庸和鸣、修身养性，如继续演奏下去必然官序贵贱不能各得其宜，长幼尊卑不能各安其位，建议君王立即废止。

卫灵公听得有些心烦，当即驳斥道："蘧爱卿，你不觉得说得有些过分吗？师涓所造新乐立意新颖，曲调活泼，节拍变化有序，国君听了快意油然而生，众卿听了神采奕奕，这样的音乐有什么不好？"

蘧伯玉听了这一番训斥，心里十分窝火，但又不敢向国君发泄，只好无可奈何地忍下。

有一天，蘧伯玉为了发泄怒火，带领一些士兵来到师涓住处，对师涓说："你可知罪？"

师涓不解地问道："我师涓何罪之有？"

雅 《诗经》的组成部分。其中包括《小雅》74篇，《大雅》31篇，共105篇，合称"二雅"。"雅"是西周王畿地区的乐调。即所谓的"官调"，它与"风"为地方乐调，相对而言，又有大小之分，也与乐调有关。

颂 《诗经》的组成部分。包括《周颂》31篇，《鲁颂》4篇，《商颂》5篇，共40篇，合称"三颂"。《周颂》大部分是西周初年周王朝的祭祀乐章，也有迟至昭王时的作品。《鲁颂》是春秋时期鲁国的颂歌。《商颂》是春秋时期宋人追述祖业之作。

蘧伯玉说："你乱造新乐，迷惑圣上，罪过还小吗？"转身命令士兵，"给我搜！把所有乐谱、乐器，统统给我搜出来烧掉！"

师涓上前阻止，但早被军士们推到一边，只好眼睁睁地看着自己费了大半生心血写成的乐谱和自己心爱的乐器在顷刻间就化为灰烬。这还不算完，蘧伯玉还限令师涓3日内必须离开京都。

师涓面对此情此景，痛不欲生，愤愤地对蘧伯玉理论道："你这只知颂古，不知出新，排斥异己，嫉贤妒能的小人，你可以依仗权势烧掉我的乐谱和乐器，但你不能烧掉我的乐思，等着吧，我一定还要写出更多、更好的新乐。"

说罢，遂回屋收拾好行装，扬长而去。

蘧伯玉在闹市街口焚毁了师涓制作的所有乐器和谱写的新曲，唯恐后来的人们制造传播这些乐器和曲子。师涓所谱写的新曲也随着时间的流逝而湮灭了。

阅读链接

师涓的记忆力非常好，据说，他与卫灵公赴晋途中宿濮水时，听到濮水河边传来悦耳动听的声音，卫灵公想以后能听到此曲，于是就派他前去学习。

师涓当时也被此曲所动，便立刻前往，选一个安静之处，端坐援琴，一边听着悦耳的琴声，一边心中默记，手上弹奏。他连待了两个晚上，边听边记边练习此曲。

回来后，他把新曲演奏给卫灵公听。灵公不仅喜欢音乐，而且颇通音律。他边听边以手击节，听完之后，大加赞赏，说师涓演奏的曲子正和自己听到的一模一样。

郑国宫廷音乐乐师师文

师文是我国春秋时期郑国的一位杰出音乐大师，曾从师于鲁国乐官师襄。他是郑国宫廷音乐乐师的优秀代表人物。传说师文弹二十五弦琴时，整天弹得如痴如醉，甚至拜倒在琴的面前喃喃自语："我效于子效于不穷也"。

师文学习音乐的态度非常严肃，据说他学琴三年不成，老师误认为他笨拙，让他回家。师文却说曲所存者不在弦，所志者不在声，内不得于心，外不应于器，故不敢发手而动弦。这便是"得心应手"的由来，也成了我国古代音乐演奏的一项重要美学原则。

■ 春秋时期孔子学琴师襄图

鲁国 周朝的同姓诸侯国之一。姬姓，侯爵。周武王伐纣后，封其弟周公旦之地为曲阜，称为鲁公。周公旦没有赴任，留下来辅佐武王，武王死后辅佐周成王。周公旦儿子伯禽，即位为鲁公，后定都于曲阜。鲁国先后传二十五世，经三十六位国君，历800余年。

传说春秋时期，郑国的师文听说鲁国出了一位才华出众的音乐家叫师襄，在他弹琴的时候，鸟儿能踏着节拍飞舞，鱼儿也会随着韵律跳跃。

师文于是钦佩极了，他就离开了郑国去鲁国拜师襄为师。师襄待人严厉，从不轻易收弟子。师文苦苦哀求道："请老师收下我这个学生吧，我决不会半途而废的。"

师襄终于被师文的诚意和决心感动，就收下了这个弟子。师襄手把手地教师文调弦定音，可是他学了3年，竟弹不成一个乐章。

师襄说："你缺乏悟性，恐怕很难学会弹琴，你可以回家了。"

师文放下琴，叹了口气，说：

我并不是不能调好弦、定准音，也不是不会弹奏完整的乐章。然而我所关注的并非只是调弦，我所向往的也不仅仅是音调节

■ 出土的春秋时期的器乐

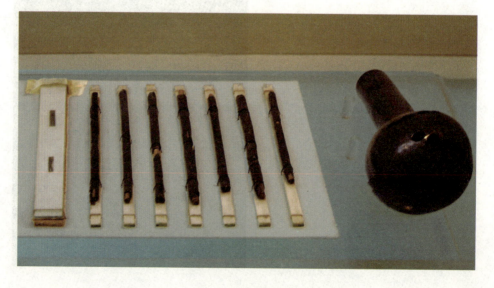

■ 春秋晚期石编磬

律，我的真正追求是想用琴声来宣泄我内心复杂而难以表达的情感啊！

在我尚不能准确地把握情感，并且用琴声与之相呼应的时候，我暂时还不敢放手去拨弄琴弦。因此，请老师再给我一些时日，看是否能有长进！

果然，在过了一段时间以后，师文又去拜见他的老师师襄。他首先奏响了属于金音的"商"弦，使之发出代表八月的南吕乐律，只觉琴声挟着凉爽的秋风拂面，似乎草木都要成熟结果了。

师文又拨动了属于木音的"角"弦，使之发出代表二月的夹钟乐律，随之又好像有温暖的春风在耳畔回荡，一派春意盎然的景色。

接着，师文又奏响了属于水音的"羽"弦，使之发出代表十一月的黄钟乐律。不一会儿，竟使人感到霜雪交加，江河封冻，一派肃杀景象如在眼前。

乐律　就是音律，指音乐上的律吕、宫调等。古人把宫商角徵羽称为五声或五音。从宫到羽，按照音的高低排列起来，形成一个五声音阶，宫商角徵羽就是五声音阶上的五个音级：宫商角徵羽后来再加上变宫、变徵，称为七音。变宫、变徵形成一个七声音阶。

■ 春秋时期的古琴

齐国 是我国历史上从西周到春秋战国时期的一个诸侯国。其疆域有今山东省偏北的大部分及河北省西南部。公元前352年，周显王始称王。传至王建，于前221年为秦所灭。后于前298年复国，至前202年为汉将韩信所灭。

再往下，师文叩响了属于火音的"徵"弦，使之发出代表五月的乐律，又使人仿佛见到了骄阳似火和坚冰消释的景象。

在乐曲将终之际，师文又奏响了五音之首的"宫"弦，使之与商、角、徵、羽四弦产生和鸣，顿时在四周便有南风轻拂，恰似甘露从天而降，清泉于地喷涌。

师襄兴奋异常，称赞说："你的琴真是演奏得太美妙了！即使是晋国的师旷弹奏的清角之曲、齐国的邹衍吹奏的律管之音，也无法与你相媲美呀！"

阅读链接

传说北方的燕国有一个环境优美的山谷，因为天寒地冻的缘故，所以无法种植庄稼。邹衍来到这里定居后，经常吹奏一些美妙动听的乐曲，居然引来了温暖的气流，使这里的气候发生了转变，从此，这个山谷逐渐变得欣欣向荣、五谷丰生。

后来，人们就用"邹衍吹律"这个成语来形容带来温暖和生机的事件。

模拟自然之声的伯牙

伯牙，姓伯，名牙，生于春秋战国时代楚国郢都，即今湖北省荆州。曾师从著名琴家成连，琴艺大进，所创《水仙操》琴曲，模拟自然之声，妙音清远，意蕴深长。伯牙是春秋战国时期晋国的上大夫，春秋时著名的琴师，擅弹古琴，技艺高超。他既是作曲家，又是抚琴妙手，被人尊为"琴仙"。

伯牙在晋国任职期间，于出使楚国途中抚琴时巧遇知音钟子期，传为佳话。

伯牙后来的琴曲《高山》《流水》和《水仙操》都是传说中俞伯牙的作品。后人以伯牙摔琴谢知音的故事为题材还创作了琴歌《伯牙吊子期》。

■ 春秋时期著名琴师伯牙雕塑

艺术大家

艺术大师与杰出之作

■ 子期路遇伯牙抚琴蜡像

冯梦龙（1574—1646），字犹龙，又字子犹，号龙子犹、顾曲散人等。南直隶苏州府长洲县，即今江苏省苏州市人。明代文学家、戏曲家。其作品《喻世明言》《警世通言》《醒世恒言》，合称"三言"，是我国白话短篇小说的经典代表。

经考证，伯牙原本就姓伯，明末小说家冯梦龙在小说中说他"姓俞名瑞，字伯牙"，当为"小说家言"，是杜撰来的。在此之前的《史书》与《荀子》《琴操》《列子》等书中均为"伯牙"。

东汉高诱注说："伯姓，牙名，或作雅。"现代的《辞源》也注说："伯姓牙名。"伯在古代是个很普通的姓，如周武王时不食周粟的伯夷，秦穆公时擅长相马的伯乐等。

伯牙是当时著名的琴师，善弹七弦琴，技艺高超。历代文献关于伯牙的记载颇多，最早见于荀况的《劝学》篇："伯牙鼓琴，而六马仰秣。"用夸张的手法极言其音乐演奏的生动美妙。

在《琴操》《乐府解题》书中记载有伯牙向著名琴家成连学琴的故事。成连是春秋时期琴艺超群的琴师，他感到伯牙虽学琴刻苦，技艺也不差，但情感不足，终究不能达到精妙境界。于是，他带伯牙去东海陶冶情感。

师徒两人坐船到了蓬莱，成连留伯牙一人在山上抚琴。初时仍无进展，后伯牙收琴起身，观赏蓬莱景色，见宁静的山林在薄雾中隐约迷离，显得那样幽丽、沓冥；海浪由远而近，拍打着岸边的礁石，发出"哗哗"的响声。顷刻，海浪退去，一切又恢复了迷人的平静。

伯牙看着看着，顿觉心胸开阔，感情起伏，情不自禁地拿起琴，和着这大自然的节拍，奏出了雄壮而优美的旋律。

其后，伯牙慨叹地对成连说："老师，我明白您为什么带我到这儿来了，您是让大自然这个老师帮我移情啊！"

后来，伯牙在成连先生的指导下，琴艺大进。伯

伯夷 尧舜时期的人。炎帝第十四代孙，大约生活在公元前2300年前后。他与商末孤竹君长子伯夷并非一人。四岳是尧舜时期官职，掌管诸侯事务。此处所说伯夷，是历任四岳官中的一位，也是被人们纪念的一位。

■ 子期与伯牙蜡像

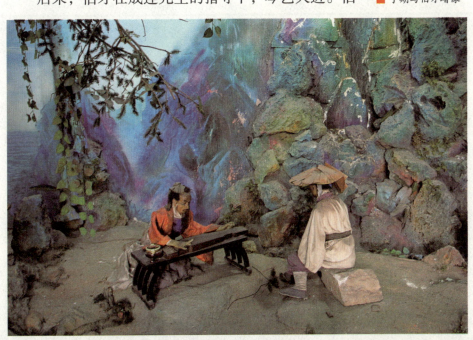

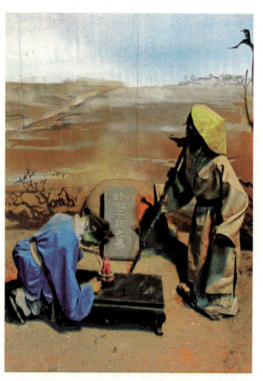

■ 祭奠子期

牙于是产生了创作欲望，要把自己的感受谱成音乐，便援琴作歌：

緊洞渭兮流澌澌，

舟楫逝兮仙不还，

移情愫兮蓬莱山，

呜钦伤宫兮仙不还。

又题名《水仙操》。这是一首妙音逸韵、模拟自然的佳品。从此他领悟到艺术家要培养高尚的情操，艺术要以感情动人。后来唐代诗人李咸用曾作诗说：

成连入海移人情，岂是本来无嗜欲！

琴兮琴兮在自然，不在徽金将轸玉。

伯牙抚琴"高山流水遇知音"的故事流传千古。战国时郑国的列御寇在《列子·汤问》中记载了这样一个故事：

有一年，伯牙奉晋王之命出使楚国。农历八月十五那天，他乘船来到了汉阳江口。遇风浪，停泊在一座小山下。晚上，风浪渐渐平息了下来，云开月出，景色十分迷人。望着空中的一轮明月，伯牙琴兴大发，拿出随身带来的琴，专心致志地弹了起来。

艺术大师与杰出之作

列御寇 或称列圄寇、列圉寇，今河南省郑州人。战国前期道家思想的代表人物。他终生致力于道德学问，先后著书20篇，现仅存《汤问》《周穆王》等8篇，共成《列子》一书。后被道教尊奉为"冲虚真人"。

他弹了一曲又一曲，正当他完全沉醉在优美的琴声之中的时候，猛然看到一个人在岸边一动不动地站着。伯牙吃了一惊，手下用力，"啪"的一声，琴弦被拨断了一根。

伯牙正在猜测岸边的人为何而来，就听到那个人大声地对他说："先生，您不要疑心，我是个打柴的，回家晚了，走到这里听到您在弹琴，觉得琴声绝妙，不由得站在这里听了起来。"

伯牙借着月光仔细一看，那个人身旁放着一担干柴，果然是个打柴的人。伯牙心想：一个打柴的樵夫，怎么会听懂我的琴呢？

于是他就问："你既然懂得琴声，那就请你说说看，我弹的是一首什么曲子？"

听了伯牙的问话，那打柴的人便笑着回答："先生，您刚才弹的是孔子赞叹弟子颜回的曲谱，只可惜，您弹到第四句的时候，琴弦断了。"

打柴人的回答一点不错，伯牙不禁大喜，忙邀请他上船来细谈。那打柴人看到伯牙弹的琴，便说："这是瑶琴！相传是伏羲氏造的。"接着他又把这瑶琴的来历说了出来。

听了打柴人的一番讲述，伯牙心中不由得暗暗佩服。接着又为打柴人弹了几曲，请他辨识其中之意。

当伯牙弹奏的琴声雄壮高亢的时候，打柴人说："这琴声，表达了高山的雄伟气势。"

■伯牙摔琴蜡像

瑶琴 史载为伏羲氏制作。有一次伏羲看到凤凰来仪，飞落在一棵梧桐树上。那梧桐高3.3丈，按33天之数。按天、地、人三才，截为3段；取中间一段送长流水中，浸72日，按72候之数；取起阴干，选良时吉日制成乐器。

当琴声变得清新流畅时，打柴人说："这后弹的琴声，表达的是无尽的流水。"

伯牙听了不禁惊喜万分，自己用琴声表达的心意，过去没人能听得懂，而眼前的这个樵夫，竟然听得明明白白。没想到，在这野岭之下，竟遇到自己久久寻觅不到的知音。于是，他问明打柴人名叫钟子期，并和他喝起酒来。

伯牙感慨地说："你真是我知音啊！"

钟子期也深有感触。两人便结为兄弟，一起约定来年的中秋再到这里相会。和钟子期洒泪而别后，第二年中秋，伯牙如约来到了汉阳江口，可是他等啊等啊，怎么也不见钟子期来赴约，于是他便弹起琴来召唤这位知音。可还是不见人来。

■ 元代伯牙鼓琴图

第二天，伯牙向一位老人打听钟子期的下落。老人告诉他，钟子期已不幸染病去世了。临终前，他留下遗言，要把坟墓修在江边，到农历八月十五相会时，好听伯牙的琴声。

听了老人的话，伯牙万分悲痛，他来到钟子期的坟前，凄楚地弹起了古曲《高山流水》。

弹罢，他挑断了琴弦，长叹了一声，悲伤地说："我唯一的知音已不在人世了，这琴还弹给谁听呢？"说完，把心爱的瑶琴在青石上摔了个粉碎。

《列子·汤问》中记载的这个"高山流水遇知音"的故事，为后世历代传颂。伯牙和钟子期的友谊感动了后人，人们在他们相遇的地方，筑起了一座古琴台。现在，这座古琴台位于汉阳龟山西麓，也就是

龟山 武汉的龟山位于湖北省武汉市汉阳城北，为武汉市名胜古迹较多的三山之一。龟山风景区在历史上就是有名的游览胜地。在龟山月湖侧畔，建有古琴台，又名伯牙台。相传古时伯牙与钟子期在此相遇并结为"知音"，后人感其情谊深厚，特在此筑台纪念。

月湖的东畔。古琴台始建于北宋，后屡毁屡建。

1890年，清末民初的大学者杨守敬主持并亲自书丹，将《琴台之铭并序》《伯牙事考》和《重修汉阳琴台记》重镌立于琴台碑廊之中，并书"古琴台"3个字刻于大门门楣。

进古琴台大门，过小院，出茶院右门，迎门是置于黄瓦红柱内的清道光皇帝御书"印心石屋"照壁。照壁东侧有一小门，门额"琴台"两字，据传出自北宋著名书法家米芾之手。

进门后为曲廊，廊壁立有历代石刻和重修琴台碑记。再往前便是琴堂，又名友谊堂，堂前庭院中汉白玉筑成的方形石台，便是象征伯牙弹琴的琴台。

古琴台建筑群占地15亩，布局精巧，主要建筑协以庭院、林园、花坛、茶室，层次分明。院内回廊依势而折，虚实开闭，移步换景，互相映衬。

修建者充分利用地势地形，还充分运用了我国园林设计中巧于"借景"的手法，把龟山月湖山水巧妙借了过来，构成一个广阔深远的艺术境界。

阅读链接

传说，伯牙摔琴停奏后，整天精神恍惚。

一天，他妻子从床下拿出自己的琴并开始弹奏，正是《高山流水》！伯牙不知妻子的琴艺竟如此之高，琴声时而玉拨金鸣，如大江东去，万马奔腾；时而灵动婉约，如小桥流水，燕过柳梢。一曲奏罢，万籁俱寂。

良久，夫人开口："天下不止一个钟子期，也不止一个伯牙。所谓知音难觅，是自己的心难觅。"

伯牙颓然坐下：常慨叹别人不理解自己，自己又何曾去理解别人？所谓知音，存乎一心之间也！

秦汉至隋唐是我国历史上的中古时期。这一时期的中华艺术成就辉煌。

在书法方面，王羲之、颜真卿等在汉字结体上各领风骚；在舞蹈方面，赵飞燕的婀娜与公孙大娘的剑气颇显刚柔气象。其他艺术形式如建筑和雕塑，也都体现了当时的强大与文明。

整个中古时期，这些艺术大师的鸿篇巨制，体现了我国古代艺术的全面繁荣，为我们留下了宝贵的精神财富。

中古时期
艺术先驱

改革篆书造隶书的程邈

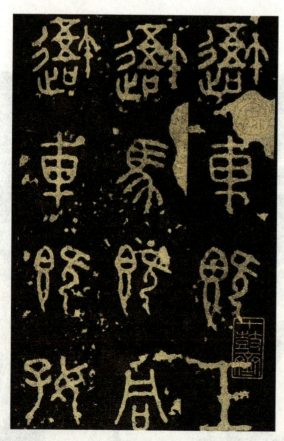

古代篆书碑文

程邈，字元岑，生于秦时东海郡下邳，即今江苏省邳州。秦代的著名文字改革家。他对当时的已经存在的篆书，进行了全面收集和系统的加工。他去粗取精，编纂整理，进行规范，将篆书改革为隶书，使得隶书后来成为了我国古代文字发展的分水岭。

程邈改篆为隶，为我国行书、楷书和草书等的发展奠定了基础。

■ 秦始皇（前259—前210），即嬴政，也称赵政。秦庄襄王之子。战国时秦国的国君，秦王朝的建立者。他在位37年，称王25年，称帝12年。他统一了古代中国，结束了当时四分五裂的局面。被后人称为"千古一帝"。

程邈是秦朝的一个小官，曾当过县狱吏，主要负责文书一类的差事。因他性情耿直，得罪了秦始皇，被关进了云阳狱中。云阳在今天的陕西省淳化县西北方向。

在狱中，程邈度日如年，无事可做。他觉得白白浪费时光，实在可惜。可是，在狱中又能干什么事业呢？这个问题一直困扰着他许久。

那时，秦始皇正在推行"书同文"政策，以小篆为全国统一文字。

其时政务多端，文书日繁，用小篆写公文固然比以前方便许多，但小篆不便于速写，还是费时费事，影响工作速度和效率。

程邈以前身为狱吏，深知小篆难以适应公务，若能创造出一种容易辨认又书写快速的新书体，不是更好吗？脑子里有了这个想法，他便绞尽脑汁地琢磨。

于是，身在监狱的程邈一心钻研字体结构，做起文字学问来。

程邈把流传在民间的各种书体收集在一起，他进行了潜心研究，一个一个加以改进，把大、小篆的圆转全部改变为方折，同时删繁就简，去粗取精，认真进行加工整理。

中古时期

艺术先驱

小篆 是在秦统一中国后推行"书同文，车同轨"时，由宰相李斯负责，在秦国原来使用的大篆籀文的基础上进行简化，取消其他六国的异体字，所创制的统一文字汉字书写形式。一直在我国流行到西汉末年，才逐渐被隶书所取代。

字体 又称书体，是指文字的风格式样。我国文字有篆、隶、草、楷、行5种。每种字体中，又根据各种风格，以书家的姓氏来命名，像楷书中有欧体、颜体、柳体等。

■ "大禹治水"篆书字体

做学问的日子过得飞快，转眼10年过去了。

程邈终于创造出书写便利，又易于辨认的3000个隶字来。他把这一成果呈献给秦始皇。

秦始皇那时工作非常认真，是一个非常讲究工作效率的人。他在统一天下后，为了推动政治、文化、经济上的改革，事务繁多，更是日夜不停，废寝忘食地工作。

他每次批示的文书，就相当于后来的60千克的一石为单位。在当时纸张尚未发明，公文都刻于竹简上，一石重的竹简码起来大约有一个人的高度。他要求自己，不批完一石，便不休息。他常常是夜以继日地工作。

因此，当秦始皇看了程邈整理出来的文字后，心里非常高兴，不仅免了程邈的罪，还让他出来做官，提升为御史。这个御史的官职很小，属于"隶"，所以人们就把他编纂整理的文字叫"隶书"。

蔡邕称其"删古立隶文"。唐代张怀瓘的《书

今隶 正书的古称。正书由汉隶发展演变而成，在唐代仍把正书沿称为"隶书"，即指当时通用的文字。为区别于汉魏时代通用的隶书，又别称正书为"今隶"。陆深《书辑》所称"钟王变体，谓之今隶"，则又泛指魏晋以来之楷书而言。

■ **竹简** 古代用来写字的竹片。战国至魏晋时代的书写材料。是削制成的狭长竹片，竹片称简，木片称札或牍，统称为简，现在一般说竹简，均用毛笔墨书。

断》中称："传邈善大篆，初为县之狱吏，得罪始皇，系云阳狱中，覃思十年，损益大小篆方圆笔法，成隶书三千字，始皇称善，释其罪而用为御史，以其便于官狱隶人佐书，故名曰'隶'。"

程邈创制的隶书很有特点，它以扁阔取势，结构简单，笔画平直，而且有了波势，风格庄重。与小篆相比，程邈的隶书书写方便，易于辨认。

后来，人们在书法上为了和汉朝的隶书区别，就把秦隶称为"古隶"，汉隶称为"今隶"。

程邈作为一个基层秘书工作者，能做成这么伟大的文字编纂整理工作，是一件非常了不起的事情。同时，程邈那种历经坎坷而矢志不移、精勤奋进、自强不息、好学不已的精神，更值得肯定和赞赏。

当然，这件事的意义远不止这些，程邈创秦隶对汉字的发展产生了深远的影响。

程邈创制隶书，是我国文字史乃至书法史上的一次重大变革，逐渐成为占统治地位的官方书体。

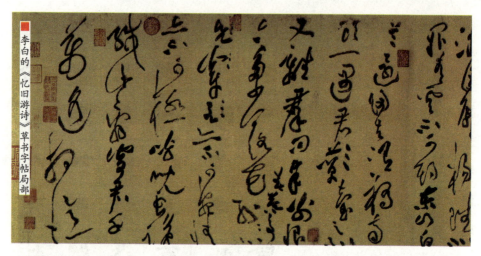

李白的《忆旧游诗》草书字帖局部

　　从此，我国文字告别了延续3000多年的古文字而开端了今文字，在形体上逐渐由图形变为笔画，象形变为象征，复杂变为简单，在造字原则上则从表形、表意到形声，字体结构也不再有古文字那种象形的含义，而完全符号化了。

　　由隶书派生出的草书、楷书、行书各书体，为书法艺术奠定了基础，至今不衰。直至如今，隶书仍然是一种常用的字体，并作为一种书法艺术而存在。

阅读链接

　　考古工作者在文物发掘过程中发现过秦隶遗存。1975年底在湖北省云梦县城西睡虎地11号秦墓出土了1100余枚竹简。这是秦隶的墨迹。

　　从考古发掘出来的材料来看，战国和秦代一些木牌和竹简上的文字，已经有被简化的篆体。因为减少笔画，所以字径很小，最大的不过两分，字形工整端秀，笔画浑厚。

　　这些竹简上的字，笔画肥、瘦、刚柔、纵横奔放，浑厚凝重，变化多姿，其点画有明显的起伏变化，特别是其中的"波势"已初具规模。

史上第一位书法巨匠张芝

张芝（？—192），字伯英。生于东汉敦煌郡渊泉县，即今甘肃省安西县。东汉书法家。张芝擅长草书，富有独创性，在当时影响很大。是我国书法史上的第一位巨匠，被称为"草圣"，其书法被称为"今草"。

张芝所创的"一笔书"，使草书得以从章草的窠臼中脱身而出，使我国书法进入一个无拘无束阔大空间，使书法家艺术个性得到彻底解放。

张芝时至今日无墨迹传世，仅有北宋时汇集书法名家墨迹的《淳化阁帖》中收有他的《八月帖》等刻帖。

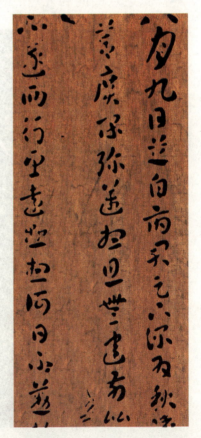

■ 东汉书法巨匠张芝草书

张芝出身显宦名门，他的爷爷张享曾做过太守；他的父亲张奂更是声名显赫，年少有志，后官至护匈奴中郎将、度辽将军、大司农等，屡立功勋；他的母亲是富家闺秀，淑慧贤良。张芝就是在这样一个家庭里长大成人。

张芝虽出身宦门，但年轻时就很有操节，没有纨绔子弟的骄横之气。他勤奋好学，潜心书法，当朝屡次征召他做官，皆严词拒绝。正是这样淡泊荣利，苦苦求索，他方才攀上了我国书法艺术的高峰。

从我国书法史发展轨迹看，从甲骨文到篆成熟于秦，始出隶体，西汉隶书盛行，但已有草书，可谓篆、隶、草、行、真各体具备。但此时的隶书和章草都已不能满足人们和社会发展的需要，代之而兴的是书写起来快捷而流美的"今草"，社会上形成了"草书热"。

张芝从民间和杜度、崔瑗、崔实那里吸取草书艺术精华，独创

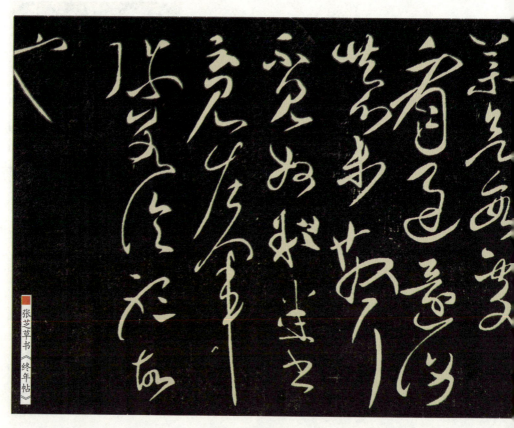

张芝草书《终年帖》

"一笔书"，即所谓"大草"。对于张芝所创的"一笔书"，唐代书法家、书学理论家张怀瓘在其品鉴、评论书法家和书法的著作《书断》中有精辟概括：

张芝的"一笔书"，"字之体势，一笔而成，偶有不连，而血脉不断，及其连者，气脉通于隔行"；

"如流水速，拔毛连茹，上下牵连，或借上字之下而为下字之上，奇形虽合，数意兼包，若县猿饮涧之象，钩锁连环之状，神化自若，变态不露"；

"若清涧长源，流而无限，萦回崖谷，任于造化"，"精熟神妙，冠绝古今"。

张怀瓘还高度评价了张芝的草书"劲骨丰肌，德冠诸贤之首"，从而成为"草书之首"。

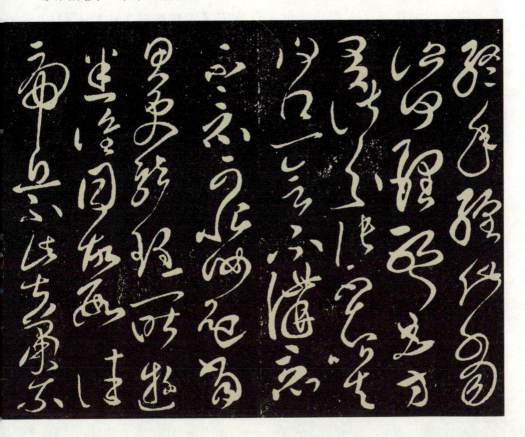

记载东汉历史的纪传体史书《后汉书·张奂传》中仅提道："长子芝最知名，及弟昶并善草书。"虽极简略，却从中可知张芝在当时已因书法成就而享有盛名。

其后的历代书法家和评论家也都以肯定态度沿袭韦诞、卫恒等的论述，张芝的"草圣"地位自此成为一座不可动摇的丰碑而屹立于我国书坛，闪耀着永恒的璀璨光芒。

张芝同时也是书法理论的开先河者，曾著《笔心论》5篇，可惜早已失传。据说他还是一位制笔专家。像张芝这样造诣全面的书法巨匠，在整部我国书法史上也是罕见的。

张芝的草书给我国书法艺术带来了无与伦比的生机，使他名噪天下，后世学者如云。王羲之对张芝推崇备至，师法多年，始终认为自己的草书不及张芝。

张芝的书迹至今无墨迹传世，仅北宋《淳化阁帖》中收有他的《八月帖》等刻帖，为历代书家珍视并临习。

张芝的墨迹近2000年来为世人所宝，其书法艺术精神至今仍鲜活在我国书法的血脉中。

阅读链接

张芝"临池学书，池水尽墨"的刻苦磨砺精神，成为我国书法界尽人皆知的一大掌故。

其父张奂为方便张芝兄弟习文练字，请人打造石桌、石凳、墨池于河边，从此，张芝兄弟以帛为纸，临池学书，先练写而后漂洗再用，日复一日，年复一年，水为之黑，后称张芝墨池。

他将崔杜笔法，烂熟于心，终于摆脱旧俗独创一体，转精其妙，终成今草。其字迹气脉贯通，隔行不断。古人谓之"一笔飞白"，开书法之一代新天地。

翻新旧曲作新声的李延年

    李延年（？—前90），生于汉代中山，即今河北省定县。西汉宫廷音乐家。他出身倡家，父母兄弟妹均通音乐，都是以乐舞为职业的艺人。代表作《佳人曲》。李延年十分善于歌唱，他又长于音乐的创作。他对民间的乐歌进行收集整理并编配新曲，这对汉代音乐风格的形成及我国后来音乐的发展作出了很大的贡献。

    李延年所改编的《鼓吹新声》，是我国历史文献记载中最早明确标有作者姓名及乐曲的乐府仪仗曲乐，他也成为了利用外来音乐进行加工创作的音乐家。其艺术形式和风格上表现出自由灵活和挥洒自如的创造特色。

■ 西汉宫廷音乐家李延年蜡像

■ 汉代乐舞百戏图

协律都尉 汉武帝立乐府，使司马相如等作诗赋，以宦者李延年为协律都尉，谱成乐调。但在当时为临时官名，不常设。至晋代，改称协律校尉，属太常寺。

乐府 乐府最初始于秦代，至汉代时沿用了秦代时的名称。公元前112年，汉王朝在汉武帝时正式设立乐府，其任务是收集编纂各地民间音乐、整理改编与创作音乐、进行演唱及演奏等。

李延年擅长音律，汉武帝在整饬乐府时，命他担任了乐府的协律都尉，负责管理皇宫的乐器。他既能唱歌，又善于作词作曲，故颇得武帝喜爱。后来，李延年因弟弟奸乱后宫受到牵连，被汉武帝收监，负责饲养猎犬。

公元前90年，李延年的长兄、汉将李广利在出击匈奴时被俘投降。一荣俱荣，一损俱损，李氏家族包括李延年在内都被汉武帝诛杀。

李延年不但善歌，而且擅长音乐创作，他的作曲水平很高，技法新颖高超，思维活跃，把乐府所收集的大量民间乐歌进行加工整理，并编配新曲，广为流传。

李延年将旧曲翻新，创作了具有很高艺术水准的《佳人曲》。他还利用张骞从西域带回的《摩诃兜勒》，利用西域胡曲编为《新声二十八解》，用来作为乐府仪仗之乐，对后世军乐有很大影响。

李延年还为司马相如等文人所写的诗词配曲，为汉武帝作《郊祀歌》19首，用于皇家祭祀的乐舞。

《佳人曲》是李延年为新声变曲的杰作，具有令闻者莫不感动的艺术魅力。歌中唱道："北方有佳人，绝世而独立，一顾倾人城，再顾倾人国。宁不知倾城与倾国，佳人难再得。"

这首表现佳人之美的歌，李延年以惊人的夸张和反衬，显示了自己的特色。他动用夸张、反衬时，紧紧抓住了人们常有的那种"畏"而可"怀""难"而越"求"的十分微妙心理，终于产生出了不同寻常的效果，打动了一代雄主的心弦。这就是它的艺术魅力之所在。

这首歌还采用了大体整齐的五言体式，第五句"宁不知"3字实际上可以删除。这种体式，当时还只在民间的"俚歌俗曲"中流行。但被李延年加工后引入宫中，效果非同凡响。

《摩诃兜勒》原应为河西走廊一带羌族人所喜爱歌唱的"大夏"曲，其乐器起初以羌笛为主，张骞出使西域带回《摩诃兜勒》后，李延年根据"大夏"曲的特点，在以羌笛为主的基础上加入胡人的吹乐器胡角，用胡曲

■ 汉代舞女蜡像

匈奴 我国古籍中讲述的匈奴是在汉朝时称雄中原以北的一个强大的游牧民族，公元前215年被逐出黄河河套地区，历经东汉时分裂，南匈奴进入中原内附，北匈奴从漠北西迁，中间经历了大约300年。

重新改编成《新声二十八解》组曲式军乐，当时被称为"鼓吹新声"。

自汉以后，魏晋六朝、隋唐宋元直至明清等朝代，作为军乐仪式主体的所谓"鼓角横吹"，实际上便是由《新声二十八解》中几种特殊的乐器名称得来的，也包含其曲演奏的主要特征。

后世有学者认为，李延年改编的《新声二十八解》，为维吾尔族的"十二木卡姆"提供了音乐结构的基础。

《郊祀歌》19首是汉武帝定郊祀之礼，是司马相如作词，李延年作曲，以用于郊祀天地的艺术作品。

《郊祀歌》在语言的选择和创造上不拘一格，这是相对于《诗经》《楚辞》体的诗歌语言手段的一次解放。它发挥神奇的想象，运用大胆的夸张，塑造出生动的神的形象来表达人的理想。

它又和民间乐府一道，共同构成了完整、丰富的

■ 汉墓壁画乐舞图

汉代乐府诗歌。以后历代王朝的这类歌词，大都沿袭汉代时期的《郊祀歌》。

李延年把乐府所收集的大量民间乐歌进行加工整理，并将俚歌俗曲引入宫廷，配以美妙动人的"新声变曲"，这对于汉代文人五言诗的萌芽和生长，以及当时的民间乐舞的发展，无疑起了很大的推动作用。李延年对于汉代音乐风格的形成及我国后来的音乐的发展，功不可没。

阅读链接

一天，李延年为汉武帝献上自己创作的《佳人曲》，他起舞作歌，唱道："北方有佳人，绝世而独立，一顾倾人城，再顾倾人国。宁不知倾城与倾国，佳人难再得。"

汉武帝惊叹地问："善！世岂有此人乎？"

于是汉武帝召见这个女子，果然妙丽善舞。其实这个女子就是李延年的妹妹，她由此入宫，称李夫人。

一阕短短的歌，居然能使雄才大略的武帝闻之而动心，立时生出一见伊人的向往之情。这在我国古代诗歌史上，恐怕是绝无仅有之例。

舞蹈技艺精湛的赵飞燕

■ 赵飞燕画像

赵飞燕，原名宜主，生于汉代吴县，即今江苏省苏州市。汉代最为杰出的著名舞蹈家，而且姿容秀丽。

我国历代文人学士在吟诗作赋时多提到她的名字，故而使得她精美绝伦的舞蹈技艺，广为传诵和发扬。赵飞燕被称为我国古代杰出的舞蹈家是当之无愧的。

赵飞燕是一位了不起的舞蹈艺术家，堪称我国古代歌舞史上杰出的先驱。

赵飞燕原名叫宜主，她还有个妹妹叫赵合德。宜主的父亲是一个对音乐颇有造诣的音乐家，他编制的乐曲十分优美动听，当时轰动一时。宜主生长在这样一个音乐世家，自然从小受了音乐熏陶。

宜主长大以后，身材窈窕，体态轻盈，风度翩翩，格外招人注目。其父去世后，宜主姐妹俩成了一对遗孤，只得流落在长安以唱小曲为生，过着贫苦的生活。

■ 古代花容玉貌图

由于她的歌喉婉转，似新莺出谷，音韵悠扬，她的芳名大振，轰动长安。于是，姐妹俩一同被送入阳阿公主府，开始学习歌舞。她天赋极高，学得一手好琴艺，舞姿更是出众。

当时的汉成帝喜欢游乐，经常出外寻欢作乐。有一次在阳阿公主家见歌女宜主艳丽非常，便召她入宫中。汉成帝稍一烦闷时，就召宜主歌舞承欢。

宜主腰肢纤细，体态轻盈，当她迎风而舞时，好像要乘风飞去一样。于是，汉成帝将她赐名"飞燕"，意即春暖花开，迎风欲飞的春燕。

不久，汉成帝又召其妹赵合德入宫，并深得皇帝宠爱，封为昭仪。赵氏姐妹联手迫使班婕妤退出后宫，又联手使汉成帝废许皇后，赵飞燕成为了皇后。

昭仪 皇帝妃嫔封号之一。汉代元帝时始置，代替了汉初的夫人，为妃嫔中的第一级，在宫中地位仅次于皇后。汉代制度，"昭仪位视丞相，爵比王侯"。"昭仪"，言昭显女仪，以示隆重。自魏晋至明均曾设置，但地位已经下降。

■ 汉代舞蹈画像砖

艺术大家

艺术大师与杰出之作

踽步 原来特指道士、法师做法时的步法。本文所述赵飞燕的"踽步"，是一种近似戏曲歌舞中的"花梆步"舞步，双脚可做轻快的碎步，进、退、横行，都有一种飘拂之感。

据说赵合德与赵飞燕争宠，因而姐妹之间素有嫌隙。但两人为获帝宠，仍经常联手斗争后宫诸妃与朝臣。后来，姐姐赵飞燕因无法产下皇子，也是赵合德为赵飞燕解围，使其免遭被废。

传说赵合德生得体态丰腴，较赵飞燕更得皇帝宠爱。成帝还为赵合德修建了一座昭阳殿，对她极为宠幸，称其为"温柔乡"，并甘愿老死在温柔乡算了。

不料此话一语成谶，汉成帝后来果然暴毙在赵合德床上。赵合德自知难辞其咎，被迫自尽。

汉成帝一死，汉哀帝即位。不久汉哀帝死，汉平帝即位，即废赵飞燕为庶人，逼其自杀身死。

赵飞燕在汉宫创造了卓越的舞蹈成就。为了讨汉成帝的欢心，她把单人舞逐渐发展为群体舞，各种舞姿的变化时有新招，可谓千姿百态。她组织舞蹈队，对之进行专业化训练。

她尤其擅长一种独特的舞步叫"踽步"，走起来好似手执花枝，轻微地颤动。当时除了赵飞燕，没人能够走得那么娴熟自如，多姿多态。赵飞燕的走路姿态尤其撩人，仿佛是天生的猫步，如弱柳扶风。

汉成帝喜爱歌舞，为了欣赏飞燕的曼舞，就在宫中建起一座榭台。当时汉宫中有个太液池，池中突起一块陆地，叫瀛洲。又在洲上建高榭，高达40尺。

一次，赵飞燕穿着南越进贡的云芙紫裙，碧琼轻绡，在那高榭之上表演歌舞《归风送远曲》，成帝兴奋得以文犀敲击玉瓶打拍子；另一个器乐演奏者吹笙伴奏，赵飞燕越舞越飘飘，如欲乘风归去。

歌舞正酣，忽然起一阵大风，赵飞燕随风扬袖旋舞，像要乘风飞去。成帝急忙叫器乐演奏者快拉往赵飞燕，别叫大风吹走了。

通过这次歌舞，汉成帝怕大风把赵飞燕吹跑，特地为她大兴土木之工，花巨资为她筑起一座华丽的"七宝避风台"居住。

赵飞燕擅长歌舞，汉成帝也迷于此道，于是歌舞盛行，内宫的嫔妃和侍女们以能歌善舞为荣。而跳舞则需要杨柳细腰，肥胖的人是不适宜舞蹈的。

宫妃们为了防止体态变形，都减少饮食并向赵飞燕请教减肥之法，所以，当时汉宫中几乎见不到一个肥胖的女子。后人所谓"燕瘦环肥"中的"燕"，指的就是赵飞燕，比喻体态瘦削轻盈

■ 芦笙 为我国西南地区苗、瑶、侗等民族的簧管乐器。在我国大地上，只要有苗族人的地方，就有芦笙。逢年过节，他们都要举行各式各样的芦笙会，吹起芦笙跳起舞，庆祝自己的民族节日。

的美女。

汉成帝为了欣赏赵飞燕的舞蹈，他别具匠心地为她特制了一个水晶盘。在一个小小的水晶盘里盛一个人，还要在上面歌舞，这可真是一番功夫，既需要有轻盈的身躯和娴熟的舞姿，又要有很强的控制力，才能在小小的舞盘上潇洒自如地自由舞蹈。

有一次，在招待外国使节的宴会上，他命宫人用手托盘，让飞燕在盘上歌舞。赵飞燕果然以娴熟的舞技，精彩入微的表演，在那小舞盘里载歌载舞，潇洒自如，直把外宾们一个个看得惊呆了，他们一次又一次地鼓掌叫彩。

汉成帝当然更加开心，由此而更加宠爱于她。

赵飞燕的轻盈舞技达到了相当高的水平。特别是她已经懂得"用气"和"运气"控制呼吸，因而能使舞姿轻盈优美。此后历代创作了不少以赵飞燕为题材的小说、诗歌、绘画等文艺作品。

艺术大家

艺术大师与杰出之作

阅读链接

明朝艳艳生的小说《昭阳趣事》有幅木刻《赵飞燕掌上舞图》，是赵飞燕站在一个太监的手上，挥袖回首而舞的姿态。

明代著名画家仇十洲作《百美图》，画历代美女100个，其中就有赵飞燕舞姿图。画面上舞者盛装，披巾，在一小方毯上起舞，她平展双臂，翻飞长袖，右腿微屈而立，左腿屈膝轻提，头部微倾，表情温婉。这是明代画家想象中赵飞燕的一个舞蹈场面。

所有这些，都反映了赵飞燕在古代舞蹈上的惊人成就。

德高望重的书法名家钟繇

钟繇（151—230），字元常，三国时期曹魏著名书法家、政治家。在书法方面颇有造诣，是楷书小楷的创始人，被后世尊为"楷书鼻祖"。他不但精于隶书、楷书、行书诸体，而且于书法理论亦颇有建树。因此，后人将他与王羲之并称为"钟王"。

钟繇著名书迹流传至今号称有五表、六帖、三碑。五表为：《宣示表》《贺捷表》《调元表》《力命表》和《荐季直表》；六帖为《墓田丙舍》《雪寒帖》《昨疏还示帖》《白骑帖》《常患帖》《长风帖》；三碑为《乙瑛碑》《魏上尊号碑》《受禅碑》。

■ 三国时期著名书法家钟繇雕像

■ 钟繇书法字帖
《贺捷表》局部

抱犊山 又名草山，位于河北省会石家庄市，是一处集历史人文和自然风光为一体的名山古寨。这里是著名道人张三丰成道涉足之福地，风光奇异独特，景色宜人，于是被誉为"天堂之幻觉，人间之福地，兵家之战场，世外之桃源"的天下奇寨。

钟繇学习书法非常刻苦用功。年幼时，入抱犊山跟高人学书，专心致志，一去三年没有下山，毅力非常惊人，令人感动。成名后经常与当时的书法名家曹操、韦诞等人在一起探讨书艺。

钟繇研习书法殚精竭虑，白天与人在一起，就在地上画字；晚上睡觉，就用手指在被盖上练习，连被盖都常常被画穿了。他学习书法，可谓达到如痴如醉的程度。

有一次，钟繇与曹操、韦诞等人谈论笔法，忽然看见韦诞的座位上有蔡邕论笔法的书，向韦诞求借而没有得到，便捶胸痛惜3天，胸也被捶青了，并因此而吐血，曹操用五灵丹之药才救活了他。

等到韦诞死去之后，钟繇暗地里命人盗开他的坟墓，才得蔡邕的笔法。可见他对书法的学习是多么痴迷和勤奋。

钟繇篆、隶、真、行、草多种书体兼工，写得最好的是楷书。钟繇所处的正是隶楷错变的时代，是汉字由隶书向楷书演变并接近完成的时期，因此在他的书法中也带有浓厚的隶意。

钟繇的小楷古朴、典雅，整体布局严谨、缜密，体势微扁，字体大小相间，行间茂密，点画厚重，笔法清劲，醇古简静，富有一种自然质朴的意味。

宋以来法帖中所刻钟繇，都出于后人临摹，比如《贺捷表》就是一例。《贺捷表》又名《戎路表》《戎辂表》，为钟繇68岁时写。内容为得知蜀将关羽被杀时写的表奏，是最能代表钟繇书法面貌的一帖。

钟繇的字以书写自然，风格古朴，以及章法结字的茂密幽深著称。这样的书法功底，在此帖中都可约略见到。

此表是楷书，带有行书笔意。但还保留较浓的隶书笔意。如"言"字的横画，以及"有""里""方"字的横画，都有浓厚的隶书遗意；另如"并"字，特别是"同"字的左撇，"企""舍""获""长"字的捺笔，也明显的是隶书的写法。

另外，以每个字而言，在章法行列中无统一的倾

小楷　即是楷体小字。三国魏时期钟繇等所创。其字结体宽扁，横画长而直画短，仍存隶分的遗意。到了东晋王羲之，将小楷书法更加以悉心钻研，使之达到了尽善尽美的境界，也莫立了我国小楷书法优美的欣赏标准。

■ 钟繇书法字帖《贺捷表》局部

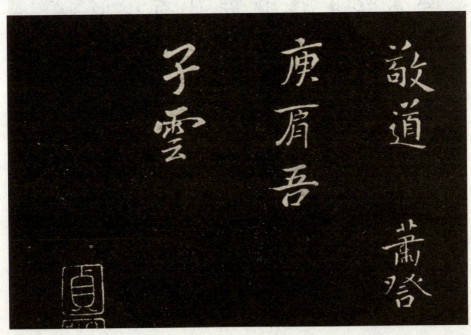

斜度与约定的重心。《宣和书谱》对此评价说："备尽法度，为正书之祖。"

作为书法家，钟繇对书法也有自己的见地，其书论较零碎，散见于后世文集中。如《书苑菁华·秦汉魏四朝用笔法》记载钟繇的话说："用笔者天也，流美者地也，非凡庸所知。"

以天地、天人来论述书法艺术，在书法艺术中追求自然美，是我国书法史上的重要美学范畴。

钟繇的书法成就经常被世人称颂，在我国书法史上占有相当重要的地位。唐代张怀瓘《书断》一书中称："其真书绝妙，乃过于师，刚柔备焉。点画之间，多有异趣，可谓幽深无际，古雅有余，秦汉以来，一人而已！"

张昶 字文舒，敦煌渊泉，也就是今甘肃安西县东人。东汉末年大将张奂之子、书法家张芝季弟。为黄门侍郎。尤善章草，书类伯英，时人谓之亚圣。其书有《西岳华山堂阙碑铭》至今传世。

■ 钟繇楷书《力命表》

历代评论成就极高。梁武帝撰写了《观钟繇书法十二意》，称赞钟繇书法"巧趣精细，殆同机神"。此外，明代岑宗旦、清代刘熙载等都给以极高评价。

钟繇在书法史上首定楷书，对汉字的发展有着极其重要的贡献。陶宗仪《书史会要》说："钟王变体，始有古隶、今隶之分，夫以古法为隶，今法为楷可也。"

钟繇之后，许多书法家竞相学习"钟休"，如王羲之父子就有多种钟体临本。后张昶、怀素、颜真卿、黄庭坚等在书体创作上都从各方面吸收了钟体之长、钟论之要。

总之，钟繇在我国书法史上占有相当重要的地位，对于汉字书法的创立、发展、流变都有重要作用。

钟繇楷书《白骑帖》

阅读链接

传说钟繇小时长相不凡，聪明过人，他曾经与其叔父钟瑜一起去洛阳，途中遇到一个相面者。

相面者看到钟繇相貌，便对钟瑜说："此童有贵相，然当厄于水，努力慎之。"意思是这个孩子面相富贵，但是将有一个被水淹的厄运，请小心行走。

结果走了不到5千米路，在过桥时，钟繇所骑马匹突然惊慌，钟繇被掀到水里，差点淹死。

钟瑜看到相面者的话应验了，感到钟繇将来一定会有出息，便悉心培养，钟繇不负厚望，刻苦用功，终成大家。

影响深远的一代书圣王羲之

王羲之（303—361，一说321—379），字逸少，号澹斋。人称"王右军""王会稽"。他生于晋代山东琅琊，即今山东省临沂市。东晋著名的书法家，有"书圣"之称。其子王献之书法也佳，世人合称为"二王"。代表作品有《兰亭集序》等。书法的章法、结构、笔法为后世效法，影响深远。

王羲之的楷、行、草、隶、八分、飞白、章草皆入神妙之境，成为后世崇拜的名家和学习的楷模。

他志存高远，富于创造。把所得不同笔法妙用，推陈出新，为后代开辟了新的天地。

■ 东晋书法家王羲之画像

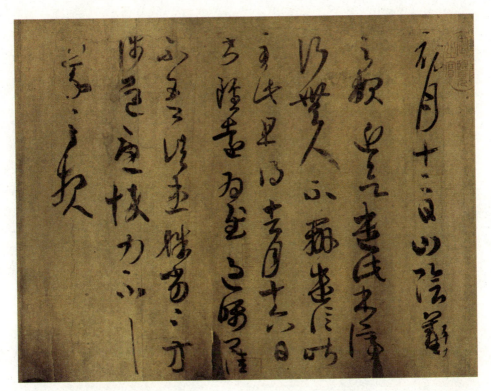

王羲之大约六七岁开始学书，在表姑卫夫人的指导下学习钟繇的楷书。后来于楷书之外，博涉群家，广泛临习，达到了很高的水平。

■ 王羲之草书《初月帖》

王羲之书法意境和魏晋时玄理的盛行简直是分不开的。玄学讲顺应自然，自由任情，"不滞于物"。所以魏晋的名士，大多好山乐水，"放浪形骸"，徜徉自得。

王羲之也不例外。并且他把这种玄远的风度，自觉或不自觉地，融入了书法中。

王羲之运笔富于变化，却没有雕饰；笔画秾纤折中，超逸优游，有一种晋人特有的风韵。他独创圆转流利之风格，隶、草、正、行各体皆精，被奉为"书圣"。

玄理 指魏晋玄学阐释的哲理。玄学产生于魏晋，是魏晋时期的主要哲学思潮。这一思潮使人们思想得到了解放和开阔，由于其飘逸自然的特殊作用，使得魏晋时期的文学、书法、绘画等艺术都具有了超凡脱俗、超然尘世、自乐逍遥的风格以及对自然的爱好与崇尚。

会稽 即今浙江省绍兴市。是夏宋的皇城，华夏第一圣都和历史上的大都会。会稽因绍兴会稽山而得名，约公元前2070年，夏禹大会诸侯于此地，成立我国第一个朝代"夏"，会稽从此名震华夏，成为中华文明象征。

王羲之把汉字书写从实用引入一种注重技法，讲究情趣的境界，标志着书法家不仅发现书法美，而且能表现书法美。主要特点是平和自然，笔势委婉含蓄，遒美健秀。

其书法精致，美妙绝伦，极富观赏价值，后人评说："飘若游浮云，矫如惊龙"。

王羲之作品真迹无存，传世者均为临摹本。其行书《兰亭集序》最著名，被誉为"天下第一行书"。

《兰亭集序》又名《兰亭宴集序》《兰亭序》《临河序》《禊序》和《禊贴》。353年3月3日，王羲之与谢安、孙绰等军政高官，在大都市会稽举行了兰亭盛会，商议国家大事，《兰亭集序》即王羲之为他们的诗写的序文手稿。

《兰亭集序》描绘了兰亭的景致和王羲之等人集

会的乐趣，抒发了作者盛事不常、"修短随化、终期于尽"的感叹。

作者时喜时悲，喜极而悲，文章也随其感情的变化由平静而激荡，由激荡而平静，极尽波澜起伏、抑扬顿挫之美。再加上作者高超的书法水平，使《兰亭集序》成为千古盛传的名篇佳作。

《兰亭集序》是中华书法史上一部彪炳千秋的杰作，全文共28行，324个字，苍劲飘逸，其后千余年再也没有出现过如此美妙的作品。

其字体结体欹侧多姿，错落有致，千变万化，曲尽其态，帖中20个"之"字皆别具姿态，无一雷同。用笔以中锋立骨，侧笔取妍，有时藏蕴含蓄，有时锋芒毕露。

尤其是章法，从头至尾，笔意顾盼，朝向偃仰，

章法 书法章法是指安排布置整幅作品中，字与字、行与行之间呼应、照顾等关系的方法。即整幅作品的"布白"，也称"大章法"。习惯上又称一字之中的点画布置，以及一字与数字之间布置的关系为"小章法"。

■ 王羲之天下第一行书《兰亭序》

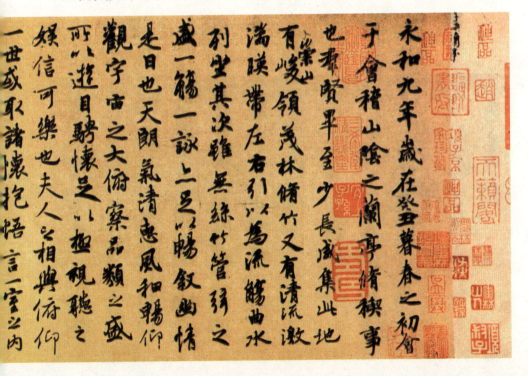

疏朗通透，形断意连，气韵生动，风神潇洒。

最难能可贵的是，从《兰亭序》的风格中，蕴藏着作者圆熟的笔墨技巧、深厚的传统功力、广博的文化素养和高尚的艺术情操。王羲之将人、笔、纸、墨融为了一体，驾轻就熟、出神入化，登峰造极，臻于完美，影响深远。

明末董其昌在《画禅室随笔》中说："右军《兰亭序》章法古今第一，其字皆映带而生，或大或小，随手所出，皆入法则，所以为神品也！"

《兰亭序》揭开了我国书法发展史新的一页，树立了新的审美典范，历代学书以为必修之业。后世大家莫不宗法，从中吸取了无尽的灵乳。

唐太宗李世民倡导王羲之的书风，亲自为《晋书》撰《王羲之传》，并且收集、临摹、欣赏王羲之的真迹，《兰亭集序》摹制多本，赐给群臣。

宋代姜夔酷爱《兰亭集序》，日日研习，常将所

■ 王羲之行书《二谢帖》局部

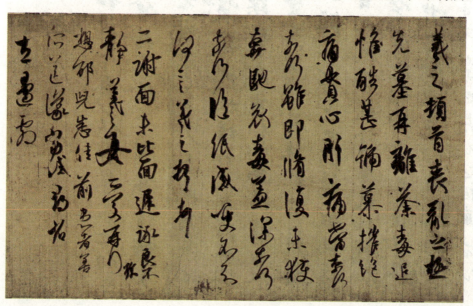

悟所得跋其上。有一跋说："廿余年习《兰亭》皆无入处，今夕灯下观之，颇有所悟。"历时20多年才稍知入门，可见释读之难。

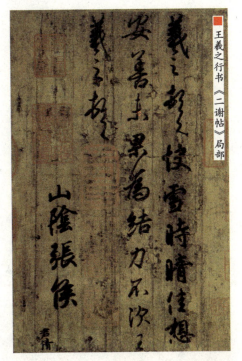

王羲之行书《二谢帖》局部

1600多年来，无数书法家都孜孜不倦地释读过，都想深入王羲之的堂奥。因此可以说，《兰亭集序》是由杰出的书法智慧所营造成的千年迷宫。

除《兰亭集序》外，王羲之著名的尚有《官奴帖》《十七帖》《二谢帖》《奉桔帖》《姨母帖》《快雪时晴帖》《乐毅论》《黄庭经》等。

王羲之的行书名品《快雪时晴帖》唐钩填本，现为我国台湾收藏。其中，《快雪时晴帖》与王珣《伯远帖》、王献之《中秋帖》并为稀世之宝，合称"三希"，即稀有之意。乾隆时藏于养心殿西暖阁"三希堂"。

阅读链接

"书圣"王羲之很喜欢鹅，他认为养鹅不仅能陶冶情操，还能从观察鹅的动作形态中悟到一些书法理论。

有一次王羲之出外游玩，看到一群很漂亮的白鹅，便想买下。一问之下知道这些鹅是附近一个道士养的，便找到那个道士想与他商量买下那群鹅。

那个道士听说大名鼎鼎的王羲之要买，便说："只要王右军能为我抄一部《黄庭经》，便将那些鹅送给你。"

王羲之欣然答应，这便成就了"书换白鹅"的佳话。

多才多艺的工艺家蒋少游

北魏时期陶俑

蒋少游（？—501），生于北魏博昌，即今山东省滨州。北朝有名建筑家、书法家、画家和雕塑家。蒋少游一生志趣所在，是对艺术竭尽全力的追求，表现了他对艺术的执着追求和勇于献身精神品德。

蒋少游为人敏慧机巧，不仅能画善雕，"并以巧思称"，而且是一位有名的工程学家，他对于工艺美术的设计很有才能，表现出卓越的艺术天赋。

蒋少游在建筑艺术、雕刻艺术和绘画艺术等诸多领域，都获得了骄人的成绩。清代的阮元《南北书派论》列蒋少游为北朝著名书家。

蒋少游原籍在山东，原属于南朝刘宋朝管辖，后来被北朝魏攻占，北魏把掳掠的南朝民户强行迁徙于北魏的京都平城，即今山西省大同，置平齐郡进行统治。

蒋少游便是作为"平齐户"被迫迁徙于平城的。由于他"性机巧，颇能画刻，有文思"，得到文明皇太后冯氏和孝文帝拓跋宏的重视。

491年，孝文帝派遣蒋少游以副使的身份出访南朝齐国，肩负着秘绘南朝齐国宫殿形制的任务。在那里，蒋少游偷偷地观摩建康城宫殿房屋的建筑样式，默察强记，背临画成。回国后，他凭记忆把建康城的布局样式绘了出来。

两年后，孝文帝到洛阳视察了荒废已久的魏晋故宫遗址，然后下令重建洛阳。

据史书记载，蒋少游"为太极殿立模范"，是太极殿及北魏皇宫的总设计师。

时任将作大匠的蒋少游模仿中原传统文化设计，营建北魏都城，用平城及建康城样式构造了洛阳新城的框架，大规模地用于洛阳新城的建设中。

从495年开始至宣武帝时，通过对洛阳新城的建设，蒋少游将南、北建筑风格进行糅合，终于建成规模宏伟的北魏洛阳城。

北魏洛阳城是以汉魏洛阳旧城为基础，开展改造重建工作的。因其北倚邙山，南临洛水，故采取了渡

■ 孝文帝（467—499），原名拓跋宏，后改为元宏。献文帝拓跋弘长子，北魏王朝的第六位皇帝。杰出的政治家、改革家。他亲政后，迁都洛阳，改鲜卑姓氏为汉姓，借以改变鲜卑风俗、语言、服饰等，对各族人民的融合和各族的发展，起了积极作用。

将作大匠 主管营建工程的官吏，《考工记》称为匠人，汉唐称将作大匠，宋称为将作监。这些工官多是其他出身，或因工巧，或因久任而善于钻研，所以能精通专业，胜任其职事。

■ 洛阳古城池地图

左祖右社 当时社会以左为上，所以左在前，右在后。"左祖"，是在宫殿左前方设祖庙，祖庙是帝王祭拜祖先的地方，因为是天子的祖庙，故称太庙；"右社"，是在宫殿右前方设社稷坛，社为土地，稷为粮食，社稷坛是帝王祭祀土地神、粮食神的地方。

洛河向南发展的方案。因而城市重心随之南移，把宫城集中设在内城中央微偏西北处。

北魏洛阳城运用传统以宫为中心的布局，克服了汉魏南北宫制缺点。按"左祖右社"之制和通过延伸原城市南北主干道的办法，加强了城市南北中轴线的主导作用，并拉出一个气势恢宏的城市大结构作为全城规划布局的基础。

北魏洛阳城成功地继承了我国前期封建城市宫、城、廓三者层层环套的配置形制，以及城、廓分工的规划布局传统。城为政治中心，以宫为主，结合布置官署衙门等政治性功区。

廓为经济中心，以市为主，合理布局手工作坊、服务行业区等经济分区，以及工商业者居住区和其他居住区。城与廓面积比例为1比5。

城市居住区基本遵循按职业、阶层组织聚居的体制，但主要取决于居民的职业要求，并不十分强调礼制等级与方位尊卑等礼治秩序。

郭内布置有320个方块形的"里坊"，是城市居住区的基本单位。仍采取封闭形制，四周筑里垣，临街设里门，里内住户出入均经里门，不得临街开门。

北魏洛阳城整体设计仍采用方格网系统布置各类分区，合理控制城市用地以及协调城市各主要部分的比例关系。并在重建中合理利用了一些遗留的物质手段，既可收到建设上的事半功倍之效，又有助于保持城市传统格调，譬如利用旧城垣，维持"九六城"传统形制。

北魏洛阳城利用旧的建设基础是本着现实要求考虑的，因此保持了传统的延续性，没有墨守成规。譬如，洛都外廓城的三市规划，其性质、规模，以及相互配合等方面，较之前代都有了新发展。

里坊 古代城市里面的居民区。"里"含有区分界域的意思。把一个城邑划分为若干区，通称为"坊"。"里坊"就是以"里"为界划分"坊"，即"用街道来划分各个城区"。古代划分"里坊"以便于城市管理。

■ 修建洛阳城池图

艺术大家

艺术大师与杰出之作

■ 北魏时期的建筑

北魏洛阳城是我国封建中期城市设计的无比杰作。北魏洛阳城开东魏、北齐邺都南城和隋唐长安城宏大、整齐之先河，在我国都城发展史上占有重要地位。它也是鲜卑族汉化，以及多民族融合和中西文化交流的重要见证。

蒋少游功不可没！

495年，孝文帝推行"易服"改革措施，蒋少游主持制订了朝中冠冕制度，并设计了褒衣博带样式，其后，魏孝文帝的服制改革，使褒衣博带的服装样式得以长久流行。

孝文帝的"易服"措施有力地促进了南北融合，而蒋少游是褒衣博带服装样式的设计创制者，褒衣博带的服装样式的流行发展，在这一历史性的南北大融合中起到了重要作用。此后，褒衣博带样式成为我国古代儒生的装束。

蒋少游曾经进行了设计营造太庙太极殿、华林池沼、改造金墉门楼等重大活动，并兼工程总指挥。他修造了规模豪华的船只，提高了当时北魏造船业的水平。

蒋少游还主持建造了"其高不闻鸡鸣狗吠之声"的静轮天宫，高20余丈的白台，高达数百尺的九层佛塔，以及"楼观出云""重楼起雾"等许多高级住宅。

这些建筑中的雕塑和绘画，都

北魏人物像

具有一定的工程难度和工艺水平。而蒋少游素以"善画人物及雕刻"著称，又身兼将作大匠，就完全有可能领导或参与这些建筑或雕塑工程，并发挥了一定作用的。可惜历代资料记载简略，很难以洞察其具体情况。

蒋少游是个全才型的艺术家，不仅对当时北魏经济的发展和繁荣作出了贡献，也在我国艺术史上留下了宝贵的经验和墨宝。

阅读链接

蒋少游作为副使访问南齐带有特殊使命，但他瞒得了别人，瞒不住他的舅舅。

他舅舅崔元祖是南齐大臣，向齐武帝报告说："我这外甥，有鲁班一样的本事，他这次南来，真实目的怕是剽窃宫阙筑造范式。请陛下扣下他，别让他回北方了。"

齐武帝认为就这样随便看看，不相信能把那么宏大复杂的建筑看走了，因此未加理睬。

蒋少游默默观察，暗暗记忆，竟将南齐宫阙楷式连同建康城布局烂熟于心。后来在重建洛阳城新都时，蒋少游发挥了重要作用。

一代建筑艺术宗师宇文恺

宇文恺（555—612），字安乐。生于隋代朔方郡夏州，即今陕西省靖边。他的祖先是鲜卑族，西魏以来汉化。我国隋代城市规划和建筑工程的著名专家。他出身于武将功臣世家，自幼博览群书，精熟历代典章制度和多种工艺技能，尤其在建筑方面，颇有成就。

隋代著名的许多工程，宇文恺都参与过。如开凿广通渠，建造唐代都城长安，建造东都洛阳城，尤其是大兴城的营建等，都充分体现了我国古代京都规划和布局的独特风格，也标志着当时我国建筑设计所达到的经济和科学技术水平。

此外，宇文恺还主持了仁寿宫工程的筹划和设计。他的建造设计理念对后世具有十分重要的影响。

■ 隋代建筑工程家宇文恺塑像

宇文恺年少时十分好读书，多技艺，好工艺器械，精研建筑营造，积累了丰富的建筑方面的知识。隋文帝杨坚废周立隋后，多次委任他监造大型土木工程。

他历任营建宗庙、新都、东京等副监，并主持和参与了隋代许多著名工程。修建大兴城，就是其卓著功勋之一。

582年，隋文帝下诏营建新都大兴城，以高颎为大监，宇文恺为营建副监，虽则如此，实际工作均由宇文恺主持，规模计划，营造施工，均由他包揽。

宇文恺设计大兴城，有其独具的风格和鲜明的创新。大兴城气势宏伟，规模宏大，结构严谨。

首先，全城分为宫城、皇城、外廓城3部分，大体呈方形，总面积83平方千米，比今西安市旧城大7倍半，比北京旧城也大得多。

其次，该城实行科学的分区设计，宫殿、衙署、住宅、商业各有不同的区域，突破过去"前朝后市"的传统，也改变了以前"人家在宫阙之间"的居住混杂状况。

最后，该城运用里坊制的设计原则，南北向大街和东西向大街纵横交错，形成网格布局，把全城分为110个方块，每个方块称为一"里"，交通方便、美观大方，这些都是他的独到之处。后来，唐帝国建都

中古时期

艺术先驱

■ 隋文帝（541—604），即杨坚，鲜卑赐姓是普六茹，小名那罗延。隋朝的开国皇帝，谥号"文皇帝"，庙号高祖，尊号"圣人可汗"。他统一我国，开创选官制度，发展文化经济，形成了"开皇之治"，使得我国成为盛世之国。

高颎（541—607），名敏，字昭玄。生于渤海蓨，也就是今河北省景县。隋朝杰出政治家、著名战略家、谋臣、隋代名相。他对隋代的统一和发展作出了极其重要的历史贡献。被誉为"隋朝第一贤臣"。

艺术大家

艺术大师与杰出之作

■ 隋代大兴城遗址

潼关 位于陕西省渭南市潼关县北,北临黄河,南踞山腰。始建于东汉建安元年,即196年。潼关雄踞秦、晋、豫三省要冲之地,是关中的东大门,历来为兵家必争之地。潼关历史悠久,闻名遐迩。古潼关居中华十大名关第二位,历史文化源远流长。

在此,大兴城被改名为"长安城"。

大兴城的建设规划对当代和后世的国内外城市建设产生了极大的影响。如宋代的开封和明清时期的北京城、渤海国上京龙泉府、日本的平城京即今奈良市、平安京即今京都等,均模仿大兴城的布局。这一闻名于世的大都市的建成,标志着宇文恺在建筑学上的极高成就。

584年,因东南往长安运粮困难,宇文恺率水工凿广通渠,引渭水通黄河,自大兴城东通潼关共150余千米,以通漕运。

这一河渠通航以后,既改善了漕运,又使两岸农田获得了灌溉,《隋书·食货志》称"转运通利,关内赖之。"广通渠的修筑,为隋朝大运河的开凿积累了丰富的经验,是隋代大运河开凿的先声。

隋炀帝即位后，诏宇文恺为营建东都的副监，负责营建洛阳城。

宇文恺规划的东都，原则上与大兴城相同，全城也分为宫城、皇城和外郭城。但因受地形条件的制约，道路宽度、坊市面积较小，并且大兴城的宫城和皇城都位于全城北部的中央，而洛阳城的宫城和皇城则是在都城之西北隅。

东都建成后，其地位几乎与大兴城相等，也是隋朝政治、经济、文化的中心之一，这种地位一直沿袭至唐代。

其后，宇文恺又为炀帝营建了显仁宫，并被拜为将作大匠。

后来隋炀帝欲北巡，以向西北各族夸耀隋之富强，由是命宇文恺建造可容纳数千人的大帐，又造观风行殿，殿上可以容纳侍卫数百人，而皇帝则坐于行殿中接受朝见。

行殿下装有轮轴，方便其行进推移，有若神功，

■ 大兴城遗址建筑

艺术大家

艺术大师与杰出之作

■ 古代长安城图

建筑模型 使用易于加工的材料依照建筑设计图样或设计构想，按缩小的比例制成的样品。建筑模型是在建筑设计中用以表现建筑物或建筑群的面貌和空间关系的一种手段。对于技术先进、功能复杂、艺术造型富于变化的现代建筑，尤其需要用模型进行设计创作。

又可以迅速拆卸和拼合。宇文恺其后又建议建筑规模巨大的明堂，以祭祀祖先。

除了规划、设计和主持施工，建造了一系列大型建筑工程外，宇文恺还在明堂设计方面花费了大量心血，取得了重要的成就。

明堂象征着帝王的权威，即所谓"天子坐明堂"。因此，历代统治者都对明堂制度非常重视，但具体的明堂形制应该是什么样子，则众说纷纭，争论不休，均未能形成定制。

593年，宇文恺所献的明堂木样受到隋文帝的赞赏，但由于诸儒异议，久不能决而作罢。隋炀帝继位之后，宇文恺又上《明堂议表》及明堂木样。

《明堂议表》除引经据典，考证明堂制度外，还附有建筑设计图和立体木制建筑模型。为完成此一工作，他花费了大量的心血。虽然没有兴建，却表现了他的巧思和学识的渊博。

《明堂议表》是一篇很有学术价值的建筑考古学文献。文献中所绘制的建筑图和据此制作的木制立体模型，却可以推断宇文恺已经使用了比例尺。这种利用比例关系绘制建筑图和制作立体建筑模型的方法，在我国建筑史上是一大创举，具有重大的科学意义。

宇文恺的一生，主要是担任营造方面的高级官员，主持过许多大型的建筑工程，起着相当于现在工程总指挥、总设计师和总工程师的作用。他在建筑方面取得了许多重大的成就，有些成就甚至具有划时代的意义。

他善于钻研思考，在各个方面的杰出成就，其富于想象力和创造性的建筑，无愧于我国一代建筑艺术宗师的称号。

阅读链接

有人曾列举世界古代10座城市的面积进行比较：

隋大兴城面积84.1平方千米，北魏洛阳城面积约73平方千米，明清北京城面积60.2平方千米，元大都面积50平方千米，隋唐东京面积45.2平方千米，明南京面积43平方千米，汉长安内城面积35平方千米，巴格达面积30.44平方千米，罗马面积13.68平方千米，拜占庭面积11.99平方千米。

从上所列可以看到，我国古代都市的规模之大在世界上是无与伦比的，而大兴城则更是位列榜首，堪称世界第一城。

新书体的创造者颜真卿

颜真卿（709—784或785），字清臣，汉族，封鲁郡公，人称"颜鲁公"。生于唐代京兆万年，即今陕西省西安市。他是唐代中期杰出的书法家，有天下第二行书之称，对后世具有深远的影响。

他所创立的"颜体"楷书与赵孟頫、柳公权、欧阳询并称"楷书四大家"。和柳公权并称"颜筋柳骨"。他的代表作品有《多宝塔碑》《劝学诗》《麻姑仙坛记》《祭侄文稿》等。

颜真卿的真书雄秀端庄，结字方中见圆，具有向心力。用笔浑厚强劲，饶有筋骨，具有盛唐的气象。

■ 唐代中期杰出书法家颜真卿画像

颜真卿少时家贫缺纸笔，用笔蘸黄土水在墙上练字。初学褚遂良，后师从张旭得笔法，又吸取初唐四家特点，兼收篆隶和北魏笔意，完成了雄健、宽博的颜体楷书的创作，树立了唐代的楷书典范。

这就是"颜体"楷书。颜真卿的楷书一反初唐书风，行以篆籀之笔，化瘦硬为丰腴雄浑，结体宽博而气势恢宏，骨力遒劲而气概凛然。从特点上论，"颜体"形顾之簇新，法度之严峻，气势之磅礴前无古人。从美学上论，"颜体"端庄美、阳刚美、人工美，数美并举，为后世立则。

071

中古时期

艺术先驱

■ 颜真卿书写的《多宝塔碑》碑文

颜真卿的楷书风格体现了大唐帝国繁盛的风度，并与他高尚的人格契合，是书法美与人格美完美结合的典例。"颜体"出现后，汉字的楷体字体在结构形态及书写外观上，便有了固定的字体形态。

一代宗师颜真卿，传世碑刻、拓本和真迹有70余种之多，成为世界文化宝库的稀世珍品。下面我们从《多宝塔碑》《麻姑仙坛记》和《祭侄文稿》这三幅作品来看看颜真卿的书法特色。

《多宝塔碑》的全称《大唐西京千福寺多宝塔感应碑文》。此碑是颜真卿早期的代表作品，为后人初

篆籀 我国汉字发展过程中出现的书体的称谓。"籀"特指籀文，出现在周宣王时期。秦灭六国，统一文字，李斯作小篆，他所作《仓颉篇》，及赵高的《爰历篇》和胡毋敬的《博学篇》，都是小篆字体。

学书法的极佳范本。

　　该碑用笔多用中锋，起笔和收笔有明显的顿按。转折变化较多，主要有提笔耸肩顿挫和按笔削肩暗转之法，有方有圆，方圆兼施，具有唐楷"尚法"的典型特征。

　　该碑字体笔画间的宽窄收放对比较欧、柳书体要小，主笔相对收敛，短笔相对放长，因此中宫显得较为疏朗，外部笔画也较规整，较欧、柳书体略显内松外紧、字势宽绰、雄浑平稳。

　　该碑中的点运用灵活，引带顾盼；各笔画间时有露锋映带，连贯照应，正斜相生；一些主竖故意偏离中线，而靠长横的斜势及长的"力臂"和重的"垂尾"获取平衡，使稳活相生，奇趣顿增。

　　《麻姑仙坛记》全称《有唐抚州南城县麻姑山仙坛记》，是颜真卿楷书的代表作。是我国书法史上的

《唐书》 记载唐朝历史的纪传体史书。200卷。内帝纪20卷，志30卷，列传150卷。五代后晋时刘昫、张昭远等撰。记载了唐朝自高祖武德元年至哀帝天佑四年共290年的历史。在北宋编撰的《新唐书》问世以后，《唐书》始有新旧之分。

■ 颜真卿行书《祭侄文稿》全稿

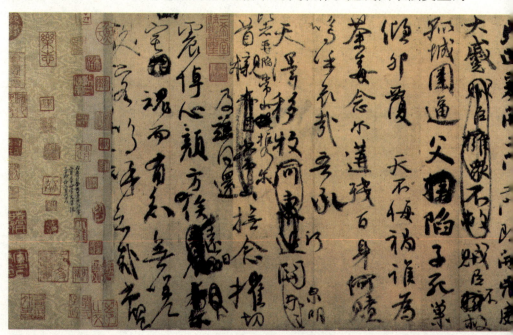

典范之作，是后人学习楷书的优秀范本之一。

碑文苍劲古朴，骨力挺拔，线条粗细变化趋于平缓，笔画少波折，用笔时出"蚕头燕尾"，多有篆籀笔意。

它的结体因线条厚重，为了在字的中宫留出余白，以避免壅塞，不得不竭力向四周扩张，外拓的写法被推向极致。后来的《颜家庙碑》浑厚过之，但宽博、端庄、刚毅、沉雄有所不及。

《祭侄文稿》实为颜真卿行书妙品之一。从章法上看，此稿的字点画密聚，草成一个块面，同时以枯笔连擦写数字。这两种现象交相映衬，造成虚实、轻重、黑白之间的节奏变化。

再加上草稿特有的率意所造成的用笔"不拘小节"，和结体的偏于松散，形成了颜体稿书风格。

从线条上看，此稿点画飞动，多连笔之势，体态就势变异，奇妙无穷，焕发出浓郁的书卷气息。情绪的波动成为控制这件作品节奏的支点。这便是书法创作中的"忘情"。

有的史学家在说到《唐书》的时候，认为盛唐的颜真卿，才是唐

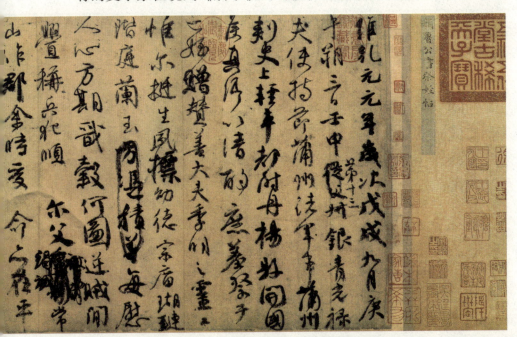

《麻姑仙坛记》局部

朝新书体的创造者。事实上，在深度上，"颜体"对后世书家产生了极大的影响。

唐代晚期的柳公权得"颜体"的精髓，而使唐代楷书书法艺术达到另一高度。

宋代四大书家的苏轼、黄庭坚、蔡襄、米芾都深受颜书的影响；宋代发明了活字版印刷术后，在印刷体中多采用"颜体"，宋时刻本的字体多仿"颜体"。

明清的许多书家以学"颜体"为入门者不在少数。直至今日，"颜体"的艺术风范犹存，影响了几乎所有后代书家，这在我国书法艺术史上是不多见的。

"颜体"成为一面楷书书法艺术的旗帜，他的影响之广超过了王羲之，因为"颜体"更能被广大民众所接受，初写"颜体"的人要比写"王体"的多。

阅读链接

颜真卿一向喜欢结交有学问的读书人。他在湖州与张志和的结识，历来被传为佳话。张志和学问渊博，曾经做过官，后来隐居江湖。

有一次，颜真卿请好友张志和到家里来做客。两人讨论书法时，颜真卿拿了一卷绢请他作画，张志和提起笔来就为好友画好了一幅山水画。

颜真卿看到张志和坐的渔船又小又破，就替他换了一条新的。张志和回去后，颜真卿很想念他，写了一篇文章记述他的事迹，还劝勉他不要隐居，应该出来好好干一番事业。

唐代楷书第一人的欧阳询

欧阳询（557—641），字信本。汉族人，生于唐代潭州临湘，即今湖南省长沙市。唐代书法家。他对书法有其独到的见解，有书法"八诀"。以其法度严整的"欧体"正楷传世。他与同时代的虞世南、褚遂良、薛稷并称"初唐四大家"。楷书代表作有《皇甫诞碑》《九成宫醴泉铭碑》《虞恭公碑》，被称为"唐人楷书第一"。

欧阳询的楷书结体严谨，笔势开张，笔法穿插挪让都极有法度，在此基础上总结出了"欧阳询三十六法"，对后世有很大的启迪。

■ 唐代书法家欧阳询雕像

欧阳询自幼聪敏勤学，涉猎经史，博闻强记。他练习书法最初仿效王羲之，后独辟蹊径，自成一家。尤其是他的正楷，骨气劲峭，法度严整，被后代书家奉为圭臬，以"欧体"之称传世。

欧阳询楷书法度之严谨，笔力之险峻，世无所匹，被称为"唐人楷书第一"。他与虞世南俱以书法驰名初唐，并称"欧虞"，后人以其书于平正中见险绝，最便初学，号为"欧体"。

欧阳询的字有多人评论，唐代书法品评著作《书断》称："询八体尽能，笔力劲险。篆体尤精，飞白冠绝，峻于古人，扰龙蛇战斗之象，云雾轻笼之势，几旋雷激，操举若神。真行之书，出于太令，别成一体，森森焉若武库矛戟，风神严于智永，润色寡于虞世南。其草书跌宕流通，视之二王，可为动色；然惊其跳骏，不避危险，伤于清之致。"宋《宣和书谱》誉其正楷为"翰墨之冠"。

欧阳询所创"欧阳询八诀"书法理论，具有独到见解。其"八诀"为：

点如高峰坠石；横戈如长空之新月；横如千里之阵云；竖如万岁之枯藤；竖戈

■ 欧阳询《皇甫君碑》局部

如劲松倒折，落挂石崖；折如万钧之弩发；撇如利剑断犀象之角牙；捺一波常三过笔。

欧阳询自己在"八诀"方面可谓俱佳，尤其以楷书的成就最为突出。其所作有《皇甫诞碑》《九成宫醴泉铭碑》《虞恭公碑》。

《皇甫诞碑》全称《隋柱国左光禄大夫宏议明公皇甫府君之碑》，也称《皇甫君碑》，楷书，是欧阳询年轻时的作品。

此碑用笔紧密内敛，刚劲不挠。重在提笔刻入，此为唐初未脱魏碑及隋碑的瘦劲书风所特有的笔法特点。此碑书法用笔、结体及字形具有北齐风格。虽为欧阳询早年作品，但已具备了"欧体"严整、险绝的基本特点。

■《皇甫君碑》

《九成宫醴泉铭碑》被后世喻为"天下第一楷书"或"天下第一正书"。"正书"即"楷书"。

此碑用笔方整，而且能于方整中见险绝，字画的安排紧凑，匀称，间架开阔稳健。其字形偏修长，行笔于险劲之中寻求稳定，尤其在划末重收，笔至划尾便稳稳提起。点画精致准确定型，尤其结字布局险

虞世南（558—638），字伯施，唐初政治家、书法家、文学家。"凌烟阁二十四功臣"之一。其书法刚柔并重，骨力道劲，与欧阳询、褚遂良、薛稷并称"唐初四大家"。其诗风与书风相似，清丽中透着刚健。

方笔 指书法上的方形笔画。起笔时利用折锋过渡到中锋行笔，形成了方笔，其特点是俊利挺拔，斩钉截铁。其方法是：露锋入笔，横行竖下，竖行横下，速度略快。方笔、圆笔是就点画线条的外形而言，是区别书法风格在用笔方面的重要特征。

劲，中宫收缩，外展透迤，疏密聚散对比强烈，却具有超级稳定感。其"险劲"之美，堪称冠绝。

整体碑文高华浑朴，法度森严，一点一画都成为后世模范，是欧阳询晚年代表之作，享有"楷书之极则"的美誉，故后人学习楷书往往以此碑作为范本。

《虞恭公碑》又称《温公碑》《温彦博碑》，是《唐故特进尚书右仆射上柱国虞恭公温公碑》的简称。为欧阳询81岁时书。

此碑楷法为"欧体"集大成者，其点画以方笔为主，铁画银钩，刚劲不挠；其结体险峻严密，横势用仰，纵势用背，比较其他各碑，却又平和稳重。

清代翁方纲一生精研"欧体"，对欧阳询所书各碑细察甚详，他在题跋中说："若以唐代书格而论，则《化度》第一、《醴泉》次之、《虞恭》又次之。

若以欲追晋法而论，则《化度》第一、《虞恭》次之、《醴泉》又次之。"

诚然，欧阳询所书《虞恭公碑》已达到了艺术的化境。细观此碑书法已脱离了"欧体"在《九成宫》《化度寺》中所具有的凝厚严谨的特征，而更趋于自然流畅。此时欧阳询作楷书已能运笔自如。

欧阳询《虞恭公碑》局部

从欧阳询成功地改革了楷书的结构，并卓然自成大家以来，学习他的人越来越多，从没有间断过，其中甚至有几次高峰期。

米芾《书史》说道，唐末人学习欧书者尤其多，至于宋代初期学习欧阳询楷书的人就更多了，皇妃孙氏之弟孙思皓学得最为逼真，名气也最大。

欧阳询美妙的书式，渗透了对新笔法的自信与自负，而这正是他贡献给后人的最有价值之所

欧阳询《卜商帖》局部

在。后人所崇尚的"晋唐传统"，欧阳询是绝对不可缺少的一位。他的书法不知迷醉过多少书法学习者，可以说他是一位"八体皆能"的大书法家。

阅读链接

欧阳询聪敏勤学，笃好书法，几乎达到痴迷的程度。

据说有一次欧阳询骑马外出，偶然在道旁看到晋代书法名家索靖所写的石碑。他骑在马上仔细观看好一阵才离开，但刚走几步又忍不住再返回下马观赏，赞叹多次，而不愿离去。

后来，他干脆把马拴在一旁，拿出毡子铺在石碑前，端坐下来反复揣摩。路上行人见一人在石碑前如醉如痴，好像精神恍惚的样子，无不为之愕然。

最后，欧阳询竟在碑旁一连坐卧3天，对碑上的字体有了深入的了解，方才离去。

一字可值千金的柳公权

　　柳公权（778—865），字诚悬。生于唐京兆华原，即今陕西省铜川市。唐代著名书法家。柳公权书法以楷书著称，并且自创"柳体"，民间有"柳字一字值千金"的说法。与当时的书法家颜真卿齐名，人称"颜柳"。

　　柳公权的柳体以骨力劲健见长，因而后世有"颜筋柳骨"的美誉，可见他的影响力。

　　柳公权的碑刻《金刚经刻石》《玄秘塔碑》《神策军碑》最能代表其楷书风格。

　　柳公权所创造的个性鲜明、风格独特的"柳体"楷书，为后来楷书的继承和发展奠定了基础。

■ 唐代著名书法家柳公权雕像

部員外郎琅邪颜真卿书朝散大夫撿校尚书都官郎中東海

大唐西京千福寺多寶佛塔感應碑文南陽岑勛撰朝議郎判尚書武

柳公权在29岁时进士及第，在地方担任一个低级官吏。后来唐穆宗偶然看见他的笔迹，视为书法圣品，就被朝廷召到长安。他的字在唐穆宗、唐敬宗、唐文宗三朝一直受重视，他官居侍书，长在朝中，仕途通达。

柳公权书法初学王羲之，后来遍观唐代名家书法，认为颜真卿、欧阳询的字最好，便吸取了颜、欧之长，在晋人劲媚和颜书雍容雄浑之间，自创独树一帜的"柳体"，为后世百代楷模。

他的书法结体遒劲，而且字字严谨，一丝不苟。在字的特色上，初学王羲之，后师颜真卿，以瘦劲著称，所写楷书，体势劲媚，骨力遒健，最为精妙。

柳公权一生作品很多，传世作品有《送梨帖题跋》《蒙诏帖》《金刚经碑》《平西郡王李晟碑》《義阳郡王苻璘碑》。

此外，传世作品还有《魏公先庙碑》《高元裕碑》《冯宿碑》《苏夫人墓志》《李石神道碑》《大唐回元

进士及第 进士是科举考试的最高功名。及第指科举考试应试中选。科举殿试录取分三甲：一甲三名，赐"进士及第"称号；二甲若干名，赐"进士出身"称号；三甲若干名，赐"同进士出身"的称号。一、二、三甲统称进士。通俗地讲，考中一、二、三甲都可以叫进士及第。

艺术大家

艺术大师与杰出之作

■ 柳公权《金刚经刻石》局部

观钟楼铭》等。

《金刚经刻石》为柳公权书法早期代表作。此刻石在泰山斗母宫东北约400米处，为我国现存规模最大的佛教摩崖刻经之一。

刻石主要以隶书为主，并且兼有楷、行、篆等各种笔意。形制雄伟，气势磅礴，书法纵逸遒劲，世人誉之为"大字鼻祖""榜书之宗"，为历代书法爱好者所崇尚。

《金刚经刻石》下笔精严不苟，笔道瘦挺遒劲而含姿媚；结体缜密，以纵长取形，紧缩中宫，开展四方，清劲而峻拔。"柳骨"于此可初识，而柳集众书于此也可知。

《玄秘塔碑》全称《唐故左街僧录内供奉三教谈论引驾大德安国寺上座赐紫大达法师玄秘塔碑铭并序》。此碑在陕西省西安碑林处，为楷书28行，每行54字。

此碑结字的特点主要是内敛外拓，这种结字容易紧密，挺劲；运笔健劲舒展，干净利落，四面周到，有自己遒劲的独特面目。

《玄秘塔碑》是柳公权书法艺术的巅峰之作，它是我国书法艺术成就最高，流传最广的楷书碑帖。1000多年以来，《玄秘塔碑》"体势劲媚"的风格，是人们学习和研究我国书法必备必临的碑帖之一。

《神策军碑》全称《皇帝巡幸左神策军纪圣德碑》。此碑中的字，并非一味追求"骨感"，而是"颜筋"与"柳骨"均有不同程度的体现，表现出刚柔相济、筋骨并存的特点。

此碑刚劲挺拔之态、森严锋利之势呼之欲出而无"露骨"之嫌，如"森""武""朱""被"4个字。虽以骨力取胜，但如果看不到其丰腴温润的一面，则又失之甚远，临出的尽是柴棒，因而在强调"骨"的同时，也不可忘记"筋"的存在。

这种筋，是与骨紧密结合在一起的凝练的肌肉，虽略显丰腴，却不失内在的张力。如"追""太""幸""灾"4个字，笔画粗细对比很大，但瘦不显形销骨立，肥不显臃肿软弱。

此碑中的字，其结构之严谨着实令人叹服。从上文所述结字规律可知，其内敛外放，中宫紧聚，四面开张，如内功深厚之英俊剑客，如"集""齐""无""截"4个字，

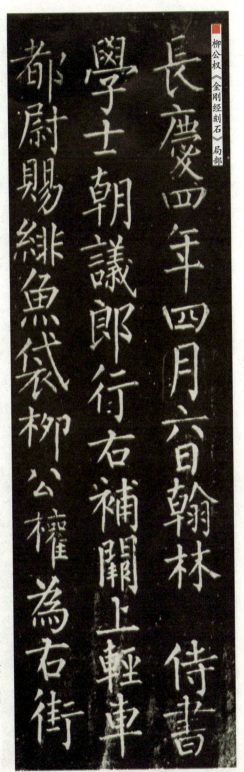

柳公权《金刚经刻石》局部

柳公权《神策军碑》局部

在这方面表现得尤为突出。

此碑用笔以方为主，兼施圆笔，再加上其出锋之撇、捺、钩、挑等爽健之锋芒，故其峻峭之势随处可见，如"泉""之""受""宗"4个字就颇有典型性价值。

同时，很多静而不动的字，审视良久，却给人一种动态的感觉。这种感觉是一种动态的平衡，一个字，就是一个力的集合体。如"大""天""其""骑"4个字，均以回天之笔支撑平衡，且动感十足。

全帖字形的大小不是状如算子，而是大小参差，随形布势，纵势与横势交错，大珠小珠同落玉盘。即使是同一字，在不同的位置，其形态神情也不尽相同，这是《神策军碑》的特色之一。

可以毫不夸张地说，《神策军碑》是柳公权一生中最大的辉煌，其晚年之作无出其右者。

柳公权对楷书的创造和发展在我国书法史上，占有突出的地位，产生了重要的影响。

当时许多著名人物的墓碑和墓志非柳公权书写不可，否则人们会认为子孙不孝；当时许多国外来唐朝访问和交流的学者和官员，都不惜以重金购买柳公权的书法作品。

柳公权的书法对后世书法，特别是楷书的发展产生了积极而深远的影响。这种影响不仅仅表现在书法本身的特质方面，如对后人楷书用笔、结构及章法的影响，而且表现在艺术创造精神和个性的感染与影响方面。

阅读链接

柳公权博览群书，才华出众，出口成章，对答如流。

一次陪唐文宗到未央宫，轿车刚停，唐文宗就令他用几句话来描述和赞美一下未央宫。

柳公权环视一下，即出口成章，文脉清晰，言辞流畅优美，令当场之人闻之无不惊叹。

唐文宗又笑着说："卿再吟诗三首，称颂太平"。

柳公权毫无难色，慢步高歌，竟在七步之内，吟成三首。

唐文宗感叹地说："昔曹子建七步成诗，人称才高八斗，而卿七步三首，真乃奇才也！我朝有卿，天赐之幸！"

功力深厚的狂草大师张旭

张旭（675—约750），字伯高，一字季明，汉族。生于唐代吴地，即今江苏省苏州。唐代书法家。工草书，与怀素并称"颠张醉素"，也被后世誉为"草圣"。张旭性好酒，世称"张颠"，是"饮中八仙"之一；其草书当时与李白诗歌、裴旻剑舞并称"三绝"。

张旭的诗别具一格，以七绝见长。并与贺知章、张若虚、包融号称"吴中四士"。传世书迹有《古诗四帖》《肚痛帖》等。

张旭的书法功力十分深厚，并以精能之至的笔法和豪放不羁的性情，开创了狂草书风格的典范。

■ 唐代狂草大师张旭雕像

张旭的母亲陆氏为初唐书法家陆柬之的侄女，即虞世南的外孙女。陆氏世代以书传业，有称于史。因此张旭很受家学影响。

他为人洒脱不羁，豁达大度，卓尔不群，才华横溢，学识渊博，是一位极有个性的草书大家。因他常喝得大醉，就呼叫狂走，然后落笔成书，甚至以头发蘸墨书写，故又有"张颠"的雅称。

张旭的书法，始化于张芝、"二王"一路，以草书成就最高。他一方面以继承"二王"传统为自豪，字字有法；另一方面又效法张芝草书的艺术手法、创造出潇洒磊落、变幻莫测的狂草来，其状惊世骇俗。

张旭的草书以雄浑奔放的气概、纵横捭阖的笔姿和恣肆浪漫的势态而为世人看重。

唐代吕总《续书评》记载："张旭草书，立性颠逸，超绝古今。"宋代米芾《海岳书评》记载："张旭如神纠腾霄，夏云出岫，逸势奇状，莫可穷测。"清代刘熙载《艺概》记载："韩昌黎谓张旭书'变动犹鬼神，不可端倪。'此语似奇而常。夫鬼神之道，亦不外屈信阖辟而已。"如此等，不一而足。

张旭狂草之所以得到历代书家的高度评价，一是他创立了奇态纷呈，风情万种的狂草新体；二是他渊源有自，功力深厚，一点一画尽合唐法典范，突显了

■ 张旭书法

陆柬之（585—638），江苏吴县，即今江苏省苏州人。虞世南的外甥。唐代书家。书法早年学其舅，晚学"二王"，"落笔浑成，耻为飘扬绮靡之风，"故有"晚擅出蓝之誉"。传世书迹以《五言兰亭诗》刻帖与《书陆机文赋》墨迹最为著名。

屋漏痕 书法术语。比喻用笔如破屋壁间之雨水漏痕，其形凝重自然，故名。对竖画艺术效果的比喻。屋漏，雨水顺墙下流，不会一泻而下，必将顺凹凸不平的墙面蜿蜒下注，形成极为顿挫有力的痕迹。书法的竖画，就应当追求这样的艺术效果。

他杰出的草书天才；三是开创了浪漫主义书风，展现了以自然天性为追求的创作风格。

张旭的书法宣示了作者狂放的个性，浪漫的气质，纵横的才情，俊逸的风采。下面我们来赏析一下张旭的两幅传世书迹《古诗四帖》和《肚痛帖》，感受一番这位"草圣"的风格。

《古诗四帖》集中体现了张旭草书的风格特点。通篇布局大开大合，大收大放，在强烈的跌宕起伏中，突现了雄肆宏伟的势态。

此帖行文酣畅淋漓，颇有咄咄逼人之势。其字形变幻无常，缥缈无定，时而若狂风大作，万马奔腾；时而似低昂回翔，翻转奔逐，充满着"忽魂悸以魄动，恍惊起而长嗟"的变化。这是艺术家豁达潇洒、真诚率意的品格特征的直接映现。

在用笔上，此帖圆转自如，含蓄而奔放，随着感情的宣泄，笔致似有节奏地忽重忽轻，线条或凝练浑

■ 张旭狂草《古诗四帖》局部

厚，或飘洒纵逸，浓墨处混融而富有"屋漏痕"般的质感，枯笔处涩凝而极具"锥划沙"般的张力，点画与线条的和谐组合，构成了一幅自然生动、雄伟壮阔的画卷。

可以这么说，《古诗四帖》不愧是狂草书法艺术中的一件撼人心魂的经典作品，而且也是浪漫主义艺术风格中的一曲荡气回肠的交响乐。

《肚痛帖》是张旭的代表作，是张旭狂放大胆书风的代表。

《肚痛帖》书法作品开头的3个字，写得还比较规正，字与字之间不相连接。从第四字开始，便每行一笔到底，上下映带，缠绵相连，越写越快，越写越狂，越写越奇，意象迭出，"颠"味十足，将草书的情境表现发挥到了极致。

此文用笔顿挫使转，刚柔相济，内擫外拓，千变万化，神采飘逸，极有情趣。这种纵横豪放的情怀，

锥划沙　当锥锋往沙子里划的时候，两边的沙子必然均匀隆起，中间则深深凹成一线；线条的起止形状与中间相比，也并没有明显的尖形，而呈现圆状。这就非常准确地体现了书法的中锋笔法，以及如此写出的浑厚饱满、具有立体感的线条的形象。

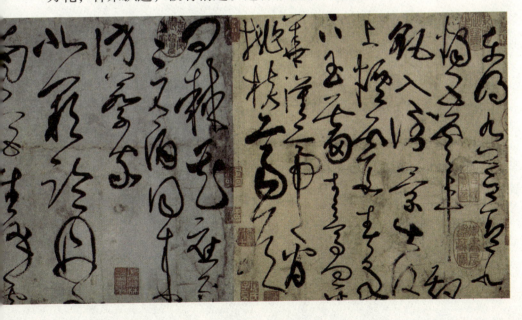

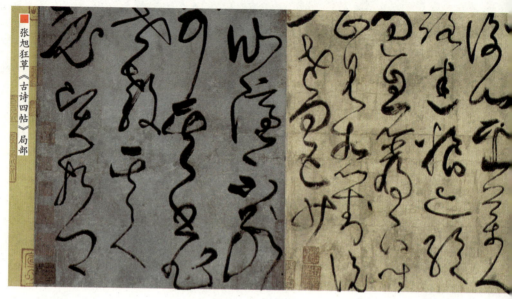

张扬恣肆的宣泄，泰山压顶的气概，变幻莫测的态势，在奋笔疾书的狂草中，横空出世，让观者惊心动魄。

从刻帖中可以看出，写此幅字时是蘸饱一笔一次写数字至墨竭为止，再蘸一笔。这样做保持字与字之间的气贯，还可以控制笔的粗细轻重变化，使整幅作品气韵生成，从而产生一种"神虬出霄汉，夏云出嵩华"的气势。

《肚痛帖》字如飞瀑奔泻，时而浓墨粗笔，沉稳遒劲，时而细笔如丝，连绵直下，气势连贯，浑然天成。

在粗与细、轻与重、虚与实、断与连、疏与密、开与合、狂与正之间回环往复，将诸多矛盾不可思议地合而为一，表现出如此的和谐一致，展现出一幅气韵生动、生机勃勃、波澜壮阔的艺术画卷，天马行空的胸襟与气质，无处不体现作者创作时的艺术冲动和无拘无束。

张旭狂草以酒酣为催发剂，在恍兮惚兮之间，使天性得到最大的激发，将潜意识中的"天地万物，风云气象"，作了妙不可言的发挥和宣泄。实为浪漫书风的开山鼻祖。

在书法艺术的发展史上，由于张旭的出现，使书法作为艺术的境

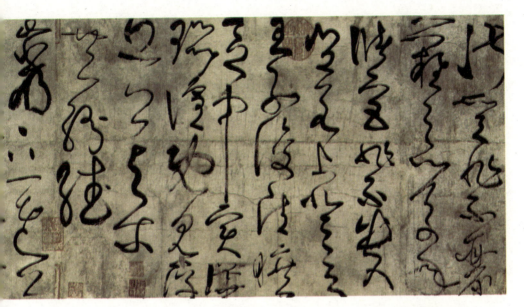

界又一次得到了升华。张旭使汉字这种工具性、使用性的符号进一步发展为一种纯艺术，使这种抽象的线条结构成为表达其思想感情的一种手段，使汉代扬雄所谓的"书为心画"的书法艺术的最根本的特征得到了充分的表现。

张旭是"草圣"，他是汉文字书写彻底升华为艺术的第一人，是在盛唐文化繁荣的推动下将书法艺术的境界进一步升华的创作"心画"的大师！

阅读链接

张旭性格豪放，嗜好饮酒，常在大醉后手舞足蹈，然后回到桌前，提笔落墨，一挥而就。当时人们只要得到他的片纸只字，都视若珍品，世袭珍藏。

那时候，张旭有个邻居，家境贫困，听说张旭性情慷慨，就写信给张旭，希望得到他的资助。

张旭非常同情邻人，便在信中说道：您只要说这信是张旭写的，要价可上百金。邻人将信照着他的话上街售卖，果然不到半日就被争购。

邻人高兴地回到家，并向张旭致以万分的感谢。

领一代风骚的草书家怀素

怀素（725—785），俗姓钱，字藏真。他是书法史上领一代风骚的草书家，称为"狂草"，用笔圆劲有力，使转如环，奔放流畅，一气呵成，与唐代另一草书家张旭齐名，人称"张颠素狂"或"颠张醉素"。

其代表作品有《自叙帖》《苦笋帖》《食鱼帖》等。

在草书艺术史上，怀素其人和他的《自叙帖》，从唐代中叶开始，一直为书法爱好者谈论了一千两百多年。

■ 唐代狂草书法家怀素画像

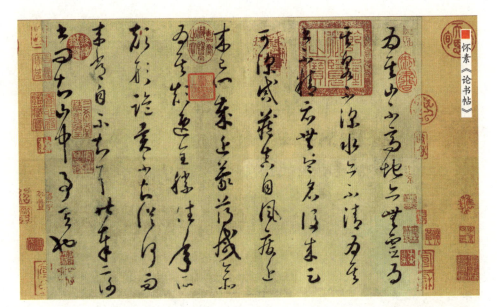

怀素《论书帖》

　　怀素自幼聪明好学，他幼年出家时，最初修习的是佛经、历律书，后来留意于书法。他在参禅的时候，也喜欢笔墨，曾经西游长安，后迁至京兆，遍访唐朝名家，并且寻访前朝遗书，融会贯通，书法技艺大进。

　　怀素自言得草书三昧，早年即以草书驰名乡里，初学欧阳询，得以"五云体"著名的吏部侍郎韦陟赏识。后师从邬彤。

　　嗜酒，酒酣兴发，寺壁屏障、衣裳器物，无不书之。他的草书冲破传统书法体系，同一个字，其形状、大小、笔顺都不相同，往往兴之所至，一气呵成，毫不留滞，枉不矫作，一任自然。

　　怀素留传下来的草书作品有《自叙帖》《苦笋帖》《食鱼帖》《圣母帖》《四十二章经》《千字文》《藏真帖》《七帖》《北亭草笔》等。其中以《自叙帖》《苦笋帖》《食鱼帖》最为著名。

　　《自叙帖》是怀素草书的巨制，活泼飞动，笔下生风，是一篇奔腾激荡的抒情之作。前半段叙述怀素本人的学书经历以及受到的评价，舒缓飘逸，从容不迫；写到后半段他人的赞词时则狂态毕具，进入高潮。

提按 指笔毫在纸上做上下运动。笔提线条细，笔按线条粗，行草书中的线可多次提按，让线无规则地进行粗细变化，以达线"拙美"的目的。此外，转笔之前应先"提笔"收毫，蓄藏笔力，为下一笔做准备，这样的转笔才写得成功。

中锋 又称正锋，我国国画技法之一。执笔较端正，笔锋保持在线条中间，不能过于偏侧。笔锋圆健、力度均匀，画出线条挺拔圆浑、匀整厚重、含蓄而有弹性，是书画中最重要的笔法。常用中锋勾结构严谨、劲健、丰实的物象。

此文用细笔劲毫写大字，笔画圆转遒逸，如曲折盘绕的钢索，收笔出锋，锐利如钩矴，正所谓"铁画银钩"。全卷强调连绵草势，运笔上下翻转，忽左忽右，起伏摆荡，其中有疾有速，有轻有重，像是节奏分明的音乐旋律，极富动感。

此外，也有点画分散者，则强调笔断意连，生生不息的笔势，笔锋回护钩挑，一字、一行，以至数行之间，点画都是互相呼应。

《自叙帖》通幅于规矩法度中，奇踪变化，神采动荡。其线条之凝练精准，体势之宽博开张，实为草书艺术的极致表现，绝非常人可以企及。

《苦笋帖》用笔速度较快，挥洒自如，而且增加了提按对比。

比如"笋"与"常"，两字反差鲜明，但无论其速度变化还是轻重变化，都基本上控制在中锋运行的状态上，故其线条细处轻盈而不弱，重处厚实而不拙。字形上也相应增加了外形轮廓大小对比和内部空间疏密对比。

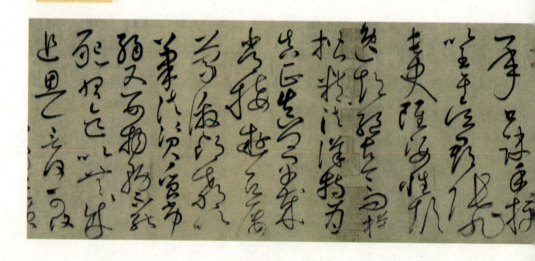

从整体上观照，此帖全文上疏下紧、上轻下重、上放下收，形成一种"两段式"的视觉感受，这种章法形式颇具特色，极显个性。

同时，点画粗细浓淡，结字大小正斜，线条柔中寓刚，神采飞动。挥写时的动作犹清晰可见，如"茗"字，草头逆势起笔，取险成势，"茗"字下部偏旁"名"字果敢铺毫，尤其"口"字写为两个点，神完气足，可闻金石之声。

此外，《苦笋帖》多用枯墨瘦笔。尽管笔画粗细变化不是很多，但是却有单纯明朗的特色，从而增强了结体疏放的感觉，与其奔流直下、一气呵成的狂草势书相得益彰。

《苦笋帖》于不经意中，充分体现了书法家的深厚功力。寥寥十几个字，在勾连拗铁、简洁捷速和惊绝的笔画中，给人感受到的不仅是跳动流淌的旋律，非凡的气势，还译读到了书家知茶、爱茗知情。

《食鱼帖》也称《食鱼肉帖》。作为著名的草书家，怀素的草书有"奔蛇走虺""骤雨旋风"之势的

095

中古时期

艺术先驱

■ 怀素草书字帖
《自叙帖》局部

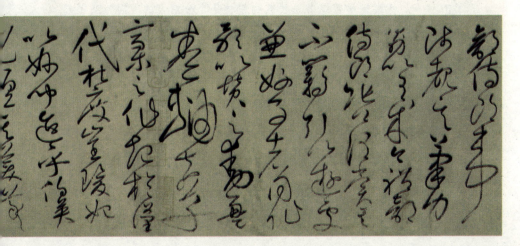

称誉。此卷《食鱼帖》放逸流畅而不怪狂，结字和他的《自叙帖》相近，保持了怀素书法的真面目。

《食鱼帖》书法高华圆润，放逸而不狂怪，笔墨精彩动人，使转灵活，提按得当。此帖用笔极为瘦削，骨力强健，谨严沉着。是现存怀素传世作品中的佳作，弥足珍贵，堪称国宝。

怀素圆寂后，有人在零陵为他建了塔。据清修《零陵县志·古迹》记载，此塔在零陵县城东门外，后人又将他的草书刻碑，置以小亭。现在永州的绿天庵、浯溪碑林、高山寺都留有怀素的遗迹。永州现存怀素的作品有《千字文碑》《瑞石帖》《秋兴八首》等，属我国书法珍品。

怀素是继张旭之后，唐代最受欢迎的一位草书大家，其狂放的书风和"醉里绝叫"的挥洒魅力，震撼过众多文士名流以诗文盛赞之。

从《全唐诗》和《全唐诗外编》中能见到，怀素的当世及后来唐代诗也不在少数。怀素狂草作品，其魅力永恒！

阅读链接

怀素勤学苦练书法技艺的精神是十分惊人的。因为买不起纸张，怀素在寺院附近的一块荒地，种植了许多芭蕉树。芭蕉长大后，他摘下芭叶铺在桌上，临帖挥毫。

由于他没日没夜地练字，老芭蕉叶也给剥光了，小叶又舍不得摘，于是，他干脆带了笔墨站在芭蕉树的前面，对着鲜叶书写。就算太阳照得他如煎似熬，刺骨的北风冻得他手肤迸裂，他还是坚持不懈地练字。他写完一处，再写另一处，从未间断。

这就是有名的"怀素芭蕉练字"。

雕塑史上的塑圣杨惠之

杨惠之，生于唐代吴郡，即今江苏省苏州。唐代雕塑家。在我国雕塑史上被誉为"塑圣"。他先曾学画，和吴道子同师张僧繇笔法。后专攻雕塑，当时有"道子画，惠之塑，夺得僧繇神笔路"的说法。

杨惠之焚笔砚毅然发奋，专肆塑作，将传统雕塑中尚不为人重视的"壁塑"形式发扬光大。"壁塑"的气魄十分宏大，身临其境能深感其迫力，给人的感觉是色彩与体积并重，更像一副立体画卷。现存苏州东郊保圣寺唐塑罗汉，是其比较有代表性的雕塑作品。杨惠之著有《塑决》一书，已佚。

■ 唐代雕塑家杨惠之塑像

艺术大家

艺术大师与杰出之作

杨惠之的创作活动大致推测在开元、天宝年间。据宋人刘道醇《五代名画补遗》记载："杨惠之不知何处人，与吴道子同师张僧繇笔迹，号为画友，巧艺并著。"由此可知他应为吴道子的同时代人，而且画艺颇精。

大凡艺术家，都是有些脾气和个性的。

据史料记载，"道子声光独显，惠之遂都焚笔砚毅然发奋，专肆塑作"。就是说吴道子名气很大，杨惠之比不过他，就焚烧笔砚，另辟蹊径，专攻雕塑。

杨惠之的画，其实未必不如吴道子，但因为声光不显而转行，现在想来却是雕塑界的一件幸事。

尽管杨惠之弃画专塑，但他的绘画功底也为从事雕塑打好了坚实的基础。

当时人称"道子画，惠之塑，得僧繇神笔路"，认为杨惠之的雕塑具有"夺僧繇画像，乃与道子争衡"之势。

■ 杨惠之雕塑的罗汉像

张僧繇长于写真，题材广泛，他吸收了书法用笔，丰富了绘画技法，并吸取外来形式，画面有凸凹感，对隋唐时代的人物画风影响比较深远。

杨惠之的雕塑也融合了这一特色，"惠之之塑抑合相术，故为古今绝技"。

杨惠之在肖像雕塑上造

诣很深，他继承了"影塑"与"浮塑"的技巧，创制出了"壁塑"的新形式。壁塑，俗称"海山"，即在墙壁上塑出云水、岩岛、树石，以佛像散置其间。

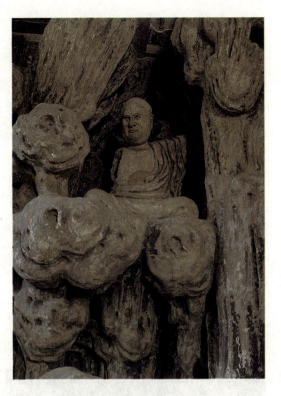

杨惠之尤其擅长塑罗汉像，也是一位多产的雕塑巨匠，他创作的雕像在数量、质量及种类等方面都是惊人的。

据史料记载，他的作品有京兆府长乐乡北太华观玉皇大帝像、汴州安业寺净土寺院大殿内佛像和枝条千佛、东经藏院殿后三门两神像与维摩居士像、河南洛阳广爱寺三门五百罗汉像、陕西临潼骊山福严寺壁塑、陕西凤翔东天柱寺维摩像、江苏昆山慧聚寺大殿佛像等。宋代文豪苏轼参观过东天柱寺维摩像，他曾赋诗道：

■ 杨惠之雕塑的罗汉像

今观古塑维摩像，病骨磊嵬如枯龟。
乃知至人外生死，此身变化浮云随。
　　……
此叟神完中有恃，谈笑可却千熊罴。

从诗中可见，杨惠之将维摩像塑成了一个外貌瘦削而有神，谈笑风生，旁若无人的形象。

浮塑 类似于浮雕。是雕塑与绘画结合的产物。用压缩的办法来处理对象，靠透视等因素来表现三维空间，并只供一面或两面观看。由于其压缩的特性，所占空间较小，所以适用于多种环境的装饰。浮雕艺术在世界上到处都有，如古罗马的神庙雕塑，我国的昭陵六骏等。

艺术大师与杰出之作

圆雕 指非压缩的，可以多方位、多角度欣赏的三维立体雕塑。圆雕的手法与形式、雕塑内容与题材、材质都是多种多样的。圆雕作为雕塑的造型手法之一，应用范围极广，也是老百姓最常见的一种雕塑形式。

最能体现杨惠之"海山"艺术风格的，当属苏州东郊的保圣寺唐塑罗汉。

在苏州东郊的保圣寺唐塑罗汉博物馆里，保存有杨惠之的9尊雕像，以"壁塑"形式结合成一个整体，给人的感觉是色彩与体积并重，更像一副立体画卷。

雕像的背景是突兀的山岩，卷舒的云气，翻滚的浪花，有些类似于古希腊时期的圆雕。而一个个罗汉则居于洞中。山石的造型有些夸张变异，上大下小，甚至有些像云彩。

而人物的塑造，大致以写实为原则。种种凡俗人物一经杨惠之的塑刻点化，立时化身为姿态各异的低眉菩萨与怒目金刚。

此外，从这9尊雕像中我们可以感受到，杨惠之是一个很注重雕塑细节的人。而细节恰恰是雕塑的关键所在。

这些雕像的人物神情、姿态、肌理、衣饰等处理得十分精到。

我国的绘画一向有"吴带当风，曹衣出水"的说法。北朝齐曹仲达画佛像，笔法稠密重叠，衣服紧窄，而称之为"曹衣"，而以吴

■ 杨惠之雕塑的罗汉像

■ 杨惠之雕塑的罗汉像

道子为代表的画家画人物，笔势圆转，衣服飘举，则称之为"吴带当风"。

杨惠之的作品，合两家之长。人物的衣纹那柔润流畅的线条，衣饰的轻薄和略有下坠的感觉以及褶皱被表现得淋漓尽致。

杨惠之塑像的高妙之处，就在于作者捕捉了种种细节，如降龙的眼神其焦点落在远处的狞龙身上，讲经者的自我陶醉，听经者微张嘴巴，似乎要流出口水，祖腹者神秘的微笑和慈悲的关切，点头的石头等，把它加以典型化的夸张和细腻的写实。

更令人惊奇的是，9尊罗汉中竟有一尊是梁武帝像，塑像喉咙部位的食管、气管、血管隐隐可见，整个人虽正襟危坐却又眼皮半垂，显得有气无力，大概是饿死前的写照。可见杨惠之的高超技艺。

杨惠之还总结多年雕塑经验，写成《塑诀》一

山水画 中国山水画简称"山水"。以山川自然景观为主要描写对象的中国画。形成于魏晋南北朝时期，但尚未从人物画中完全分离。隋唐时始独立，五代、北宋时趋于成熟，成为中国画的重要画科。

杨惠之雕塑的罗汉像

书，一直流传至宋代，是我国当时独一无二的雕塑理论著作。

杨惠之将当时的山水画与人物画结合运用于雕塑中，首创了"壁塑"新形式。其"壁塑"的气魄十分宏大，身临其境能深感其迫力。

杨惠之所发扬的"壁塑"为丰富中华艺术宝库作出了贡献，已经成为我国传统雕塑的一部分，对后世影响极大。

由于杨惠之在雕塑史上有着绘画史上画圣吴道子的地位，后人誉他为"塑圣"。

阅读链接

杨惠之雕塑技艺高超，他参与制作了长安、洛阳两京很多庙院的造像，是盛极一时的雕塑家。

相传他曾为长安著名艺人留杯亭塑像，人们从像的后面就能认出是留杯亭。据《五代名画补遗》记载："惠之曾于京兆府塑倡优人留杯亭像，像成之日，惠之也手装染之，遂于市会中面墙而置之，京兆人视其背，皆曰此留杯亭也。"

连塑像的背面都如此传神，如果没有高超雕塑技艺，是完全不可能有这样的效果的。

作曲家和演唱家李龟年

　　李龟年，唐玄宗时乐工。我国古代著名的作曲家和演唱家。他演奏的吹管乐器觱篥，技艺高超，并写下许多脍炙人口的诗句。

　　李龟年擅奏羯鼓，也长于作曲。其与李彭年、李鹤年兄弟创作的《渭川曲》特别受到唐玄宗的赏识。由于他们的演艺精湛，王公贵人经常请他们去演唱，每次得到的赏赐都成千上万。他们在东都洛阳建造的宅第，其规模甚至超过了公侯府第。

　　安史之乱后，李龟年流落到江南，每遇良辰美景便演唱几曲，常令听者泫然而泣。后人称李龟年为"乐圣"。

■唐三彩文官俑

李龟年是唐玄宗时的著名乐工，常在贵族豪门歌唱。唐玄宗后期的数次音乐盛典都是由小部音声主演。如在清元小殿作乐时，李龟年就吹觱篥，这是古今中外最高规格的音乐会。

令李龟年大为风光的还是兴庆宫沉香亭的赏花音乐会。唐玄宗和杨贵妃浓情蜜意、观赏牡丹。面对良辰美景，不能没有艺术点缀。

于是，唐玄宗命在梨园弟子中挑选技艺最精者前来供奉。李龟年被选中，他来到沉香亭助兴。

李龟年手持檀板，押乐欲歌。但唐玄宗不想用旧乐词，就宣翰林学士李白入宫作辞。深受玄宗爱重的李白醉意蒙眬来到沉香亭，当即援笔赋就《清平调》三章。

唐玄宗兴高采烈，催促李龟年浓缩其辞，谱曲演唱。一时间，音乐骤起，李龟年放声歌唱，杨贵妃高

■ 唐宫乐舞图

举玻璃七宝杯，酌西凉葡萄酒，含笑伴和。就这样，大诗人李白即兴赋诗，音乐大师李龟年即席谱曲，共谱华章。他们堪称唐代诗坛音苑才华横溢的诗艺双绝。

李龟年是一位很有灵气的音乐天才。他曾创制《渭川曲》而深受玄宗赏识。

此曲早已散佚，但大致可以断定，它是在俗乐基础上吸取西北民族音乐、融秦声汉调于一体的法曲乐调，同《凉州曲》《伊州曲》一类杂曲相似，繁弦急管，清扬宛转。后人称之为《渭州曲》《胡渭州》《湖渭州》。可见，此曲在唐宋时尚流传甚广。

745年夏，南方进贡荔枝，李龟年奉命撰曲进行迎候。曲已作好，但拟定几个曲名均不妥。当荔枝进入宫室，开笼的刹那间，清香扑鼻而来，李龟年灵机一动，立即以《荔枝香》的曲名报幕，随之演奏所作新曲，博得了帝妃的欢心和音苑同仁的赞叹。

"安史之乱"带来了社会的大动乱，李龟年也因此改变了人生旅程的航向。他开始浪迹天涯，并且流落到了江南。

770年的春天，李龟年在湘中采访使的筵席上，演唱了诗人王维那首催人恋旧的《相思》曲：

■ 唐宫乐舞图

檀板 简称板，乐器，又称绰板、察拉齐、扎板、大板。因常用檀木制作而有檀板之名。是由西北少数民族地区传入中原的，隋代已应用于乐舞、仪礼和佛教音乐中。唐玄宗时，梨园乐工黄幡绰善奏此板。古代流传全国各地。

红豆生南国，春来发几枝。
劝君多采撷，此物最相思。

苍山巨变，美好的追忆，无限的情怀，一字一声都蕴含着他深沉的历史感慨和人生的忧伤，座客闻之，莫不掩泣。

在"安史之乱"后，同样饱经战乱漂泊之苦的杜甫因投亲靠友，也辗转来到了湖南潭州。这个时候李龟年也流浪到了潭州，但是却投奔无门。就在这漂泊无所的逆境中，李龟年和杜甫，音坛与诗坛的双星，奇迹般地遇合重逢。

繁华消歇，风流云散，余生相见，暮年重逢，诉不尽的离合悲欢。

在眷念于辛酸离合之际，珍惜于生死友谊之间，杜甫以他的圣手神笔，写下了神凄韵逸、风致绵邈的

■ 《韩熙载夜宴图》中的伎乐表演

千古绝唱《江南逢李龟年》：

唐宫乐舞图

　　岐王宅里寻常见，
　　崔九堂前几度闻。
　　正是江南好风景，
　　落花时节又逢君。

　　升平中相识，乱离中聚首，诗
人与艺人的离合概括了唐王朝由盛
而衰的全部历史。这就是承平之歌
与黍离之诗的交响曲，历史悲剧与
人生悲剧的沉痛的颤音。

　　李龟年，不知其所生，也不明其所死。他以精湛的艺术造诣充实
了唐代灿烂的艺苑，他有过荣耀，也有过悲伤。

　　他的名字永远地同唐代由盛而衰的历史大悲剧联系在一起，也在
我国音乐史上留下了不寻常的一页。

阅读链接

　　有一次，李龟年应邀到岐王府中做客。客人到达之后，家伎们开始演奏音乐。

　　乐声刚起，李龟年立即说："这是秦音的慢板。"隔了一会儿，他又说："现在正演奏楚音的流水板。"

　　懂得音乐的岐王李范在一旁点头称是。音乐结束后，李龟年径自掀起隔开宾客与乐人的帷幕，把擅长弹奏秦音的乐人沈妍手中的琵琶拿了过来，尽情地拨弄起来，可见他喜爱音乐已经到了目中无人的地步。

　　此时，岐王并没有怪罪于他，因为岐王对音乐痴迷，也对音乐家十分尊重。

唐宫第一舞人公孙大娘

艺术大师与杰出之作

公孙大娘，唐代最杰出的舞蹈家之一，被称为唐宫第一舞人。

她善舞剑器，舞姿惊动天下，以舞《剑器》而闻名于世。相传剑击之术也是一绝。她在继承传统剑舞的基础上，创造了多种《剑器》舞，如《西河剑器》《剑器浑脱》等。其盖世技艺极负盛名。

诗圣杜甫在少年时代观看过公孙的剑舞后，对她称赞不已。当年的公孙娘子，锦衣玉貌，矫若游龙，一曲剑器，挥洒出大唐盛世万千气象。

据说当年草圣张旭，就是因为观看了公孙的剑器之舞，因而茅塞顿开，成就了落笔走龙蛇的绝世书法。

■ 唐宫第一舞人公孙大娘雕像

■ 唐玄宗李隆基（685—762），亦称唐明皇。712年至756年在位。唐睿宗李旦第三子，母窦德妃。他的开元盛世是唐朝的极盛之世，在位后期宠爱杨贵妃，怠慢朝政，宠信奸臣李林甫、杨国忠等，加上政策失误和重用安禄山等佞臣，导致了后来长达八年的安史之乱，为唐朝中衰埋下伏笔。756年李亨即位，尊其为太上皇。762年病逝。

公孙大娘是唐代见于记载中，既活跃于民间，又闻名于宫廷的少数著名舞蹈家。唐诗与史籍记载皆表明，公孙大娘表演的《剑器舞》，技艺高超，独具特色，在当时是首屈一指的。

唐玄宗时，宫廷乐舞机构梨园、教坊、宜春院的"内人"和宫外供奉中，可谓高手云集，但只有公孙大娘的《剑器舞》独步当时。

唐代诗人郑嵎在《津阳门诗》中，描写唐玄宗生日千秋节宫中举行盛大乐舞表演时说"公孙剑伎方神奇"，并自注"有公孙大娘舞剑，当时号为雄妙"。

据《明皇杂录》记载，公孙大娘不仅舞技高超，而且擅长舞多套《剑器舞》，能舞《裴将军满堂势》《西河剑器浑脱》等，"皆冠绝于时"。

《西河剑器浑脱》是根据裴旻将军独到的舞剑技艺改编的一部舞蹈。裴旻舞剑被誉为唐代"三绝"之一。公孙大娘擅长的《裴将军满堂势》，是吸收了裴旻剑舞的猛励气势和某些特技编创而成的富有特色的"满堂势"舞蹈。

"满堂势"是一种地位调度很大，舞时充满整个表演场地，动作豪迈、矫健、灵活，技巧艰深的舞

梨园　唐代训练乐工的机构。梨园的主要职责是训练乐器演奏人员，与专司礼乐的太常寺和充任串演歌舞散乐的内外教坊鼎足而三。后世遂将戏曲界习称为梨园界或梨园行，戏曲演员称为梨园弟子；把几代人从事戏曲艺术的家庭称为"梨园世家"等。

裴旻　唐开元间人。李白曾从其学剑。唐文宗时，世人称李白的诗、张旭的草书、裴旻的剑舞为"三绝"，称他们为"诗仙""草圣"和"剑圣"。裴旻并以善射著名。据说他任北平守时，北平多虎，他一天射虎31只。

乐律 古代乐律学名词是十二律，是古代的定音方法。即用三分损益法将一个八度分为十二个不完全相同的半音的一种律制。十二律又分为阴阳两类，凡属奇数的六种律称阳律，属偶数的六种律称阴律。另外，奇数各律称"律"，偶数各律称"吕"，故十二律又简称"律吕"。

蹈。其道具是剑，剑柄与剑体之间有活动装置，表演者可自由甩动、旋转短剑，使其发出有规律的音响，与优美的舞姿相辅相成，造成一种战斗气氛。

《西河剑器浑脱》中的"西河剑器"，可能是一种具有特定地方色彩的剑舞。西河在史上有二，一在今甘肃西北部；一在今河南安阳东南。"西河剑器"应该是在一定程度上吸收了某一西河地区的民间舞蹈和武术。

而"浑脱"是从西域传来的风俗性舞蹈。"剑器"与"浑脱"本是两种不同民族的传统乐舞，所谓《西河剑器浑脱》，应该是两种乐舞相互吸收融合而成的。

据宋代精于乐律的陈旸在《乐书》中记载："乐府诸曲自古不用犯声……唐天后末年，剑气（器）入

■ 唐宫伎乐图

浑脱，始为犯声之始。剑气宫调，浑脱角调，以臣犯君……"可见这两种调式不同的乐曲糅合在一起，是公孙大娘在当时所做的大胆的创新。

杜甫曾有诗《剑器行》，把公孙大娘的舞蹈描写得十分绘声绘色："昔有佳人公孙氏，一舞剑器动四方。观者如山色沮丧，天地为之久低昂。霍如羿射九日落，矫如群帝骖龙翔。来如雷霆收震怒，罢如江海凝清光……"

诗人以神来之笔，通过一连串激动人心的比拟，描绘了公孙大娘舞剑器时青山低头、风云变色，矫如龙翔、光曜九日的逼人气势。

杜甫诗中所描写的，正是公孙氏舞《剑器浑脱》的情景。这次表演深深地留在幼年杜甫的心中，使他终生难忘，成为他老年时写这不朽诗篇的生活依据。

剑　古代兵器之一，属于"短兵"。素有"百兵之君"的美称。古代的剑由金属制成，长条形，前端尖，后端安有短柄，两边有刃。剑为具有锋刃之尖长兵器，而其大小长短，端视人体为标准，所以须量人而定。我国在商代开始有制剑的史料记载，一般呈柳叶或锐三角形，初为铜制。

中古时期

艺术先驱

公孙大娘的《剑器舞》虽然早已失传，可是"剑舞"这种舞蹈形式却流传至今，戏曲中优美雄健的"剑舞"和民间武术里多种多样的剑术，都是继承和发展了我国古代剑舞的优秀传统，才使它具有今天这样高度的技巧和完美的艺术形式的。

目前，"剑舞"有"站剑""行剑"之分。"站剑"要求舞姿造型富有雕塑感，动作快捷有力，准确利落。而"行剑"则要求舞蹈动作匀称，如行云流水。

"剑舞"还有单剑舞和双剑舞之分。在剑柄上拴有"剑穗"，以能够显示舞者的舞剑技能。

剑舞的基本动作有：点、刺、挑、劈、撩、格等。舞者表演时，其手、眼、身、法、步与剑器舞动相互配合，并注重"眼神"的运用，展现其刚柔相济、英姿豪爽的舞姿线条。

作为一代宫廷舞女，公孙大娘能够从温柔美中走出一条阳刚之路，这需要极大的探索与勇气。

这种探索精神跨越时空，通过张旭的书法和杜甫的诗文走到今天，公孙大娘不会寂寞，现代人也会从中获得很多教益。

阅读链接

公孙大娘曾经借鉴裴旻剑舞的特技，来编创自己的舞蹈。

裴旻曾经请名画家吴道子作画，以度亡母。吴道子让裴旻舞剑，以助作画。

裴旻立即脱去孝服，欣然起舞，舞中有极精彩的特技表演：他突然掷剑入云，高达数十丈，随后，剑像一道电光一样从空中投射下来，裴旻手执剑鞘接剑，剑准确地插入鞘中。数千观众惊叹不已。

吴道子奋笔作画，当即而成。其实飞剑入鞘并非文人的夸张。通过刻苦练习，这种高难的技巧是可以掌握的。

艺苑大师

从五代十国至元代是我国历史上的近古时期。这一时期几乎凝聚了我国历史发展中最为复杂而特殊的内容，特殊的历史背景，必然对艺术产生重大影响。

黄庭坚以一代书风继往开来；米芾精研书体，著书立说，成为追随者甚众的大师；赵孟頫各种书体无不冠绝古今，名扬天下。

滴水可见阳光，这几位名家从不同侧面展现了近古时期多民族国家的艺术成就，在中华艺术史上贡献卓著，影响深远。

一代书风开拓者黄庭坚

黄庭坚（1045—1105），字鲁直，自号山谷道人，晚号涪翁，又称豫章黄先生。生于唐代洪州分宁。北宋诗人、词人、书法家。为江西诗派开山之祖，并跟杜甫、陈师道和陈与义素有"一祖三宗"之称。

黄庭坚擅长行书、草书，楷书也自成一家。他在书法方面，与苏轼、米芾、蔡襄并称为"宋代四大家"。他在词作方面，曾与秦观并称"秦黄"。是北宋书坛行草书风格的开拓者，对当时乃至后世影响深远。

■ 江西诗派开山鼻祖黄庭坚画像

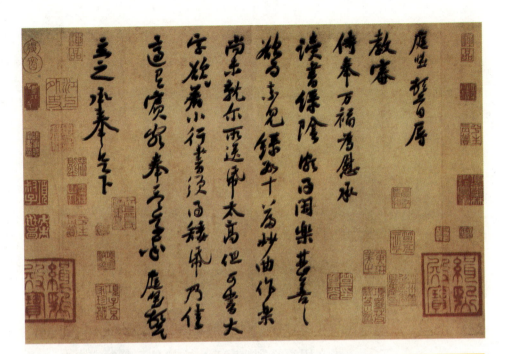

■ 黄庭坚行书《致立之承奉帖》

黄庭坚的书法初以宋代周越为师，后来受到颜真卿、怀素、杨凝式等人的影响，又受到焦山《瘞鹤铭》书体的启发，行草书形成自己的风格。

黄庭坚大字行书凝练有力，结构奇特，几乎每一字都有一些夸张的长画，并尽力送出，形成中宫紧收、四缘发散的崭新结字方法。在结构上明显受到怀素影响，但行笔曲折顿挫，则与怀素节奏完全不同。

在黄庭坚以前，圆转、流畅是草书的基调，而黄庭坚的草书单字结构奇险，章法富有创造性，经常运用移位的方法打破单字之间的界限，使线条形成新的组合，节奏变化强烈，因此具有特殊的魅力，成为北宋书坛杰出的代表、一代书风的开拓者。

后人所谓宋代的书法尚意，也就是针对他们在运笔、结构等艺术方面更变古法，追求书法的意境、情趣而言的。

《瘞鹤铭》 即江苏省镇江焦山江心岛《瘞鹤铭》摩崖石刻。凡是历史上有名字的书法家都在这里留下了书法摩崖石刻，并拓了此铭而去。后来遭雷击滑坡，碑文下半截落入江中，再后来，上半段也消失了，传世的拓片多为伪作。

黄庭坚对书法艺术发表了一些重要的见解，大都散见于《山谷集》中。他反对食古不化，强调从精神上对优秀传统的继承，强调个性创造；注重心灵、气质对书法创作的影响。

在风格上，反对工巧，强调生拙。这些思想，都可以与他的创作相印证。

黄庭坚的传世书法还有很多，我们欣赏几幅他的行草书代表作。

《苏轼黄州寒食诗卷跋》是黄庭坚在苏轼《黄州寒食诗帖》后写的一段跋语，此跋历来为人们所珍视，与原帖合称"双璧"。

跋文用笔锋利爽截而富有弹性，其字写得藏锋护尾，纵横奇崛，其长笔画波势比较明显。由于黄庭坚善于把握字的松紧，因此形成了中宫收缩而四周放射的特殊形式感，人们也称其为辐射式书体。

在布局上，跋文常从欹侧中求平衡，于倾斜中见

■ 黄庭坚的自作诗《松风阁》局部

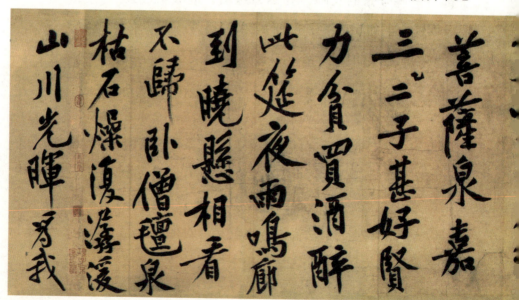

稳定，因此变化无穷，曲尽其妙。

从局部看，一行字忽左忽右，但从整体看，呼应对比，浑然一体。

此跋给人以神情饱满，气势贯通的感受，决无荒率之病，从而达到了艺术的最高境界，所以他在最后不无得意地说："他日东坡或见此书，应笑我于无佛处称尊也。"

《诸上座帖》学怀素的狂草体，在继承怀素一派草书中，表现出黄庭坚行草书的独特面貌。

此帖笔意纵横，气势苍浑雄伟，字法奇宕，如马脱缰，无所拘束，尤其能显示出书者悬腕摄锋运笔的高超书艺。

黄庭坚《山谷自论》说："余学草书三十余年，初以周越为师，故二十年抖擞俗气不脱，晚得苏才翁、子美书观之，乃得古人笔意。其后又得张长史、僧怀素、高闲墨迹，乃窥笔法之妙。"

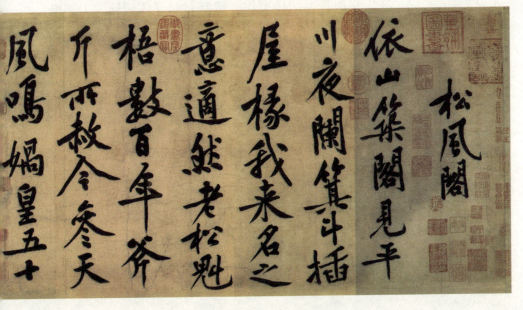

■ 黄庭坚行书《经伏波神祠》局部

墨迹 以毛笔书写，字体雄浑道劲，常附有题跋或偈语，以示大师教诲子弟或颂扬来访要人。许多墨迹后来成为收藏珍品，极有艺术价值。这些作品既有美学方面的引人入胜之点，也具有历史上足资佐证的功能。也指字画的真迹。

在此语后，他又作大字行楷书自识一则。结字内紧外松，出笔长而遒劲有力，一波三折，气势开张。一卷书法兼备两体，相互映衬，尤为罕见，是黄庭坚晚年杰作。

《松风阁诗》是黄庭坚晚年抄录的自作诗，被公认为是他行书的代表作。黄庭坚对《瘗鹤铭》大字楷书非常推崇。他从此帖的结构中受到启发，经过长期的探索实践，创造出了一种真正属于他自己的风格特点的行书。此作在结构布局上，都是中宫紧密，而笔画从中间向四外放射，无论笔画长短都接于字中间的圆心。这种辐射式的结构，字心紧密稳重，向外拓展的笔画又显得潇洒不拘。

汉字结构本身具有多样性，用这种处理方法，将其排列在一起，造成一种顾盼生姿，浑融潇洒的效果。并且运笔从容，略带生涩，结构成"欹侧"之势，满篇文字都像在翩翩起舞，给人一种别开生面的愉悦之感。

《李白忆旧游诗草书卷》是黄庭坚晚年的草书代表作。此时黄庭坚的草书艺术已达到炉火纯青的地步。祝允明评论此帖说："此卷驰骤藏真，殆有夺胎之妙。"此诗书法，深得张旭、怀素草书飞动洒脱的神韵，而又具有自己的风格。用笔紧峭，瘦劲奇崛，气势雄健，结体变化多端，为黄庭坚草书之代表作。

《经伏波神祠诗》是黄庭坚行书的墨迹。此诗帖洋洋数十行，挥洒自如，笔笔精到，结体舒展。

范成大评说"山谷晚年书法大成，如此帖毫发无遗恨矣，心手调和，笔墨又如人意。"此帖正是一种心平气和的境况下的经意之作，具有黄庭坚书法艺术的特点，是黄庭坚晚年的得意之作。

黄庭坚的书法自成一格，特别是其行书雄健圆劲、奇崛沉着，草书大开大合，随心所欲，诚可谓享

范成大（1126—1193），字致能，号石湖居士，平江吴郡，即今江苏省苏州人。南宋诗人。谥"文穆"。其诗风格平易浅显、清新妩媚。题材广泛，主要以反映农村社会生活内容的作品成就最高。与杨万里、陆游、尤袤合称南宋"中兴四大诗人"。

■ 黄庭坚行书《经伏波神祠》局部

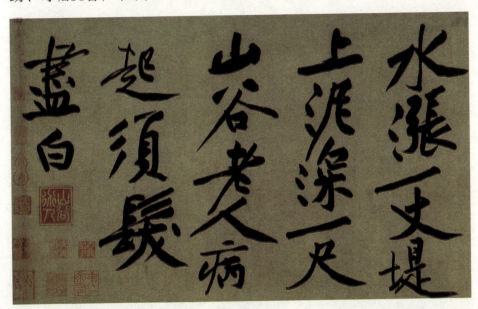

黄庭坚行书《承惠帖》

誉宋代，泽被后世。相比较而言，张旭、怀素作草皆以醉酒进入非理性忘我迷狂状态，纵笔挥洒，往往变幻莫测，出神入化。

黄庭坚不饮酒，其作草全在心悟，以意使笔。虽多理性使笔，也能大开大合，聚散收放，进入挥洒之境。其用笔，相形之下更显从容娴雅，虽纵横跌宕，也能行处皆留，留处皆行。也正由此，黄庭坚开创出了我国草书的又一新境。

总之，黄庭坚的书法表现出来的极具个性的个人风格，对后世书家个性创新突破启发意义很大；他在行书上的鲜明笔法特点，在草书上的个性突破都对后世书法影响深远。

阅读链接

黄庭坚与苏东坡、钱穆父时常一起吃饭，有一次饭罢，黄庭坚写了几张草书，苏东坡对此大加赞赏，钱穆父却说很俗。

黄庭坚问为什么？

钱穆父说你见过怀素的真迹就知道了。

黄庭坚心里很是不服，从此不肯给人写草书。后来黄庭坚在涪陵见到怀素的真迹，苦心临摹，才明白了草书之法度，下笔如飞，和当初大不一样。

从这时起，黄庭坚才相信钱穆父的话是对的，然而钱穆父已经去世了。黄庭坚后来经常说在涪陵学会草书，可惜钱穆父看不见了。

集古字之大成者米芾

米芾（1051—1107），又名米黻，字元章，号襄阳漫士、海岳外史、鹿门居士，世号"米颠"。祖籍山西省太原。北宋书法家、画家，书画理论家。"宋四家"之一。他擅长作诗，工书法，精鉴别。精研篆、隶、楷、行、草等书体，长于临摹古人书法，达到乱真程度。其代表作品有《草书九帖》《多景楼诗帖》《珊瑚帖》《蜀素帖》等。

米芾的书画艺术自成一家。能画枯木竹石，时出新意，又能画山水，创立水墨云山墨戏，烟云掩映，平淡天真，后人称为"米氏云山"，对后世影响巨大。

■ 北宋书法家米芾雕像

米芾以书法名世，他的成就完全来自后天的苦练。史料记载，米芾每天临池不辍，"一日不书，便觉思涩，想古人未尝半刻废书也。"

他自己也称其作品是"集古字"，对古代大师的用笔、章法及气韵都有深刻的领悟，说明了他在传统上下了很大功夫。正是博取各家之长，不断地勤学苦练，米芾才形成了自己的书法风格。

米芾的书法列"宋四家"中第三位。其实就书法一门艺术而言，米芾传统功力最为深厚，尤其是行书，实在苏轼和黄庭坚之上。

米芾对书法的分布、结构、用笔，有着独到的体会。要求"稳不俗、险不怪、老不枯、润不肥"，南宋词调音乐家姜夔所说的"无垂不缩，无往不收"也是此意。

即要求在变化中达到统一，把裹与藏、肥与瘦、疏与密、简与繁等对立因素融合起来，也就是"骨筋、皮肉、脂泽、风神俱全，犹如一佳士也"。

词调 古指填词的格调，是写词时所依据的乐谱，后指把前人每一种词调作品的句法和平仄分别加以概括，从而建立各种词调的平仄格式，每种格式有一个词牌名作为代表，如《浣溪沙》《菩萨蛮》《点绛唇》等。

气韵 气韵在我国传统艺术作品中居首要地位。气和韵都和"神"相关，故有神气、神韵之说。艺术作品形神兼备，即为"气韵"。气韵，无法用感官感知，是艺术家和艺术作品的灵魂，是我国传统艺术作品的最高境界。

在章法上，米芾书法重视整体气韵，兼顾细节的完美，成竹在胸，书写过程中随遇而变，独出机巧。

在用笔上，米芾善于在正侧、偃仰、转折和顿挫中，形成飘逸超迈的气势，沉着痛快的风格。起笔往往颇重，到中间稍轻，遇到折时提笔侧锋直转。

捺笔的变化也很多，下笔的着重点有时在起笔，有时在落笔，有时却在一笔的中间，对于较长的横画还有一波三折。钩也富有特色。

在体势上，米芾以几十年集古字的浑厚功底作为前提，体势天真自然，绝不矫揉造作。他的书法中常有侧倾的体势，欲左先右，欲扬先抑，都是为了增加跌宕跳跃的风姿、骏快飞扬的神气。

米芾除书法达到极高的水准外，其书论也颇多。著有《书史》《海岳名言》《宝章待访录》和《评字帖》等，显示了他卓越的胆识和精到的鉴赏力。他对前人多有讥贬，但决不因袭古人，为历代书家所重。不过过头话也不少，诮颜柳、贬旭素，苛刻求疵。

■ 米芾书法作品
《研山铭》

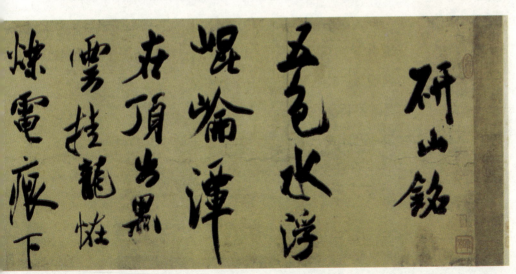

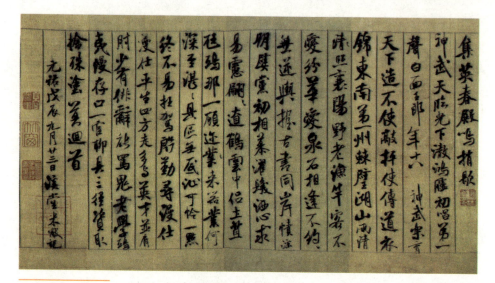

■ 米芾的书法字帖
《蜀素帖》局部

米芾擅画水墨山水画，以画代笔，颇有意趣，人称"米氏云山"，但米芾画迹不存于世。如今唯一能见到的，也很难说是真正意义上的"米画"，这就是《珊瑚笔架图》。

他画一珊瑚笔架，架的左侧书上"金坐"两字，然后再加上米点和题款，米家山水便赫然而出。

米芾的传世作品主要有《研山铭》《蜀素帖》《虹县诗卷》《苕溪诗卷》等，而翰札小品尤多。

《研山铭》在运笔上刚劲强健，具奔腾之势，筋雄骨毅，变化无穷。在结字上自由放达，倾侧之中含稳重，因而端庄之中婀娜多姿，较之《多景楼诗》《虹县诗》少些飞白灵动，更具刚劲、奔腾、沉顿雄快，乃米书成熟之作，为米芾书法中之精品。

《蜀素帖》也称《拟古诗帖》，是米芾中年所作。《蜀素帖》书于乌丝栏内，但气势丝毫不受局限，率意放纵，用笔俊迈，笔势飞动，提按转折挑，曲尽变化。

七言诗 诗体名。全诗每句七字或以七字句为主。起源于先秦和汉代民间歌谣。不过，汉、魏时期的七言诗极少，在南北朝时期至隋渐有发展，直到唐代，才真正发达起来，成为我国古典诗歌又一种主要形式。七言诗包括七言古诗，即七古、七言律诗，即七律和七言绝句，即七绝。

《拟古》用笔喜"八面出锋"，变化莫测。《蜀素帖》用笔多变，正侧藏露，长短粗细，体态万千，充分体现了他"刷字"的十分独特风格。

因蜀素粗糙，书时全力以赴，故董其昌在《蜀素帖》后跋写道："此卷如狮子搏象，以全力赴之，当为生平合作。"另外，由于丝绸织品不易受墨而出现了较多的枯笔，使通篇墨色有浓有淡，如渴骥奔泉，更觉精彩动人。

《虹县诗卷》是米芾撰、书的两首七言诗大字行书帖。米芾传世作品中，大字书法很少，大字也非米芾所长，他曾经自称其书为"刷字"，这一点在他的大字中表现得比较明显。

该帖轻重缓急，节奏感极强；用墨则干湿浓淡，浑然一体，得天成之趣。如起首"虹县旧题云快霁一天清淑"，简直一气呵成，笔虽干而不散。

《苕溪诗卷》用笔中锋直下，浓纤兼出，落笔迅疾，纵横恣肆。尤其运锋，正、侧、藏、露变化丰富，点画波折过渡连贯，提按起伏自然超逸，毫无雕琢之痕。

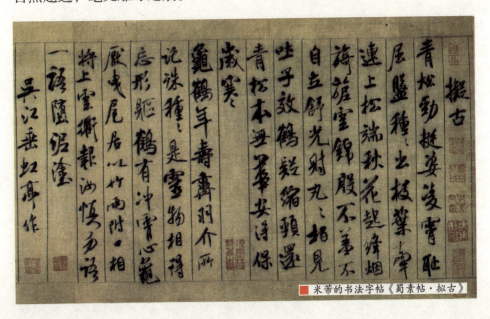

米芾的书法字帖《蜀素帖·拟古》

其结体舒畅，中宫微敛，保持了重心的平衡。同时长画纵横，舒展自如，富抑扬起伏变化。通篇字体微向左倾，多敧侧之势，于险劲中求平夷。

全卷书风真率自然，痛快淋漓，变化有致，逸趣盎然，反映米芾中年书法典型面貌。吴其贞《书画记》评此帖说道："运笔潇洒，结构舒畅，盖教颜鲁公化公者。"道出此书宗法颜真卿又自出新意的艺术特色。

米芾书法自宋代以来，为后世所景仰。宋高宗使南宋一度掀起了学米芾书法的高潮，从而使南宋出现了书法兴盛的局面。此后，米芾书法艺术影响了一代又一代书法爱好者。

大师就是大师，在他的身后自然而然地会形成一批强大的追随者。人们在面对米芾书作的同时，就如同面对米芾这个人，给人留下无穷遐想的空间和余地，人们就把书作连同米芾这个人视作一种完美的载体。这是人类的一种共同的名人崇拜心理。

阅读链接

米芾喜爱砚台至深，为了一台砚，即使在皇帝面前也不顾大雅。

一次宋徽宗让米芾以两韵诗草书御屏，米芾笔走龙蛇，宋徽宗大加赞赏。米芾看到皇上高兴，随即将皇上心爱的砚台装入怀中，墨汁四处飞溅，并告皇帝：此砚臣已用过，皇上不能再用。

皇帝看他如此喜爱此砚，又爱惜其书法，不觉大笑，将砚赐之。米芾抱着所爱之砚曾共眠数日。他爱砚不仅仅是为了赏砚，而是不断地加以研究，曾著《砚史》一书，为后人留下了宝贵的经验。

杰出的词调音乐家姜夔

姜夔（1154年—1221），字尧章，别号白石道人。他多才多艺，通晓音乐理论知识，擅长作词作曲，其词格律严密，是南宋著名的词调音乐家，在南宋音乐史及文学史上有着举足轻重的地位。他的作品素以空灵含蓄著称，《暗香》《疏影》《扬州慢》等。

他的词集《白石道人歌曲》是罕有的带有乐谱的宋词，并收录于《四库全书》之中，让现代人能一窥宋词的音乐风格。

他对诗词、散文、书法、音乐，无不精善，是继苏轼之后又一难得的艺术全才。

■姜夔画像

■ 姜夔作品内页

姜夔出身于官宦之家，青少年时期就受过良好教育并以诗文知名。他一生未仕，靠朋友接济度日，却不屑为了踏入仕途去写卑躬屈膝的拜谒之词。

他的词调反映了一个下层文人在苦风凄雨中挣扎求生又不失尊严，不失美好的典型生活，而他的自度曲，既体现了他的音乐水平，又表现他的词作风格。

姜夔是南宋"骚雅"词派的代表，因此他的词调音乐创作艺术水平很高，是南宋唯一以词调曲谱传世的杰出音乐家。

他的词调音乐创作继承了古代民间音乐的传统，对词调音乐的格律、曲式结构及音阶的使用有新的突破，并且形成了独特风格。

姜夔的音乐著作主要有《白石道人歌曲》和《大乐议》等。其中《白石道人歌曲》6卷，共收录了《圣宋铙歌鼓吹曲》14首、《越九歌》10首、琴歌《古怨》1首，以及词曲17首，如《扬州慢》《鬲溪梅令》《暗香》《疏影》《长亭怨慢》等。均附有旁谱。大多为姜夔自作，也称"自度曲"或"自制曲"。

他的自度曲作品，多为写景咏物或记述客游之作，

■ 宋代宫廷音乐

悲伤之情蕴含其中。但也曲折地表达了作者对国家命运的关心。

《四库全书》在收录《白石道人歌曲》时说："夔诗格高秀，为等所推，词也精深华妙，尤善自度新腔，故音节文采，并冠一时。"这里选择姜夔的《长亭怨慢》自度曲，试从赏读的角度作一点分析。

《长亭怨慢》词牌名"长亭怨慢"取王昭君离别典故，可知这首词当为写与合肥女子离别之苦。此曲在诉说离愁时一往情深。

作者在前序中说：

予颇喜自制曲，初率意为长短句，然后协以律，故前后阕多不同。桓大司马温云'昔年种柳，依依汉南。今看摇落，凄怆

典故 原指旧制、旧例，也是汉代掌管礼乐制度等史实者的官名。后来一种常见的意义是指关于历史人物、典章制度等的故事或传说。典故这个名称，由来已久。最早可追溯到汉朝，《后汉书·东平宪王苍传》中记载："亲屈至尊，降礼下臣，每赐宴见，辄兴席改容，中宫亲拜，事过典故。"

韦皋（746年—805年），字城武，唐朝京兆万年人。始仕为建陵挽郎。贞元初任剑南西川节度使，成为封疆大吏。韦皋在蜀地共击破吐蕃军队四十八万，将蜀地治理得很好，辅佐太子登上皇位，最后得封南康郡王。

江潭。树犹如此，人何以堪！'此语予深爱之。

漂泊，助长了姜夔思想的自由。他不愿意被既定格式束缚，喜欢"率意为长短句"，应该也是他如此热爱"自度曲"的原因之一。

《长亭怨慢》正文写道："渐吹尽枝头香絮，是处人家绿深门户。远浦萦回暮帆零乱，向何许？阅人多矣，谁得似长亭树？树若有情时，不会得青青如此！日暮望高城不见，只见乱山无数。韦郎去也，怎忘得玉环分付？第一是早早归来，怕红萼无人为主。算只有并刀，难剪离愁千缕。"

"阅人多矣，谁得似长亭树？树若有情时，不会得青青如此！"这4句是怜悯长亭树，即便看过离别无数，也仍旧无情。

作者一边哀伤于自己与爱人的离别，一边又与无

■ 宋代壁画散乐图

情的长亭树比较，自己能够体会到思念，正是因为自己有情有爱，不似长亭树，宛如行尸走肉一般。从这个角度来说，姜夔似乎是感到庆幸。

"谁得似长亭树"的问句，又更像是讽刺，即便被相思折磨，也不会有人承认自己像长亭树一样无情。长亭树的犹自青青，恰好更加深了这种讽刺的意味，它越是青葱健康，越体现了它的死气沉沉。

■ 南宋词调音乐家姜夔画像

后文"韦郎去也，怎忘得玉环分付"，系用唐代韦皋典故，当时韦皋与一歌女玉箫有情，离别时约定7年后必定回来迎娶玉箫，但八年后韦皋依旧没有归来，玉箫遂绝食而死。

玉环，代指玉箫。姜夔这话虽然自比此人，但却一定要加一句"怎忘得"，表示"我"比他强多了，一定是会遵守约定的，那种急切盼望对方相信的口气极为生动。

其中"怕红萼无人为主"又一变风格为温柔深情，对爱人的担忧、怜惜及呵护更加溢于言表。

姜夔突破了词牌前后两段完全一致的套路，使乐曲的发展更为自由。比如在每首"自度曲"前，他都写有小序，说明该曲的创作背景和动机。上面这首

宫廷音乐 在历代封建王朝中，在宫廷内部或朝廷仪式上为宫廷统治者而演奏的音乐。我国宫廷音乐的类别，按其演奏场合，可以分为外朝音乐和内廷音乐两大类。外朝，是群臣朝会办事的场所；内廷，是皇帝与后妃生活起居的地方。按其功能性质而言，分为典制性音乐和娱乐性音乐。

《长亭怨慢》就是一例。有的还介绍了演奏手法。

姜夔能娴熟地运用七声音阶和半音，使曲调显得清越秀丽，这与他独具一格的清刚婉丽、典雅蕴藉的词风结合得天衣无缝。杨万里称其有"裁云缝雾之构思，敲金戛云之奇声"。

除《白石道人歌曲》外，姜夔还曾写《大乐议》。自唐末战祸四起，经过近半个世纪五代十国的战乱时期，宫廷雅乐大受挫伤，大部分的宫廷音乐、乐人流入民间。

为改进宋时较混乱的音乐生活局面，姜夔写《大乐议》献给朝廷，论述了古今乐制问题并提出了整理宫廷音乐的意见，希望复兴宫廷音乐，但未被采纳。

《大乐议》当时已经失传，只有《宋史·乐志》中保存有数百字。《大乐议》代表宋代民间音乐艺术最高成就，更为后人提供了一份了解当时音乐状况的可贵的资料。

姜夔是南宋唯一有词调曲谱传世的杰出音乐家，他留给后人的一部有"旁谱"的《白石道人歌曲》，无论在艺术上及思想上都达到了较高水平，并具有独创性，使他成为我国古代杰出的词曲作家。

阅读链接

姜夔常因音乐与人结识。

传说他游历到合肥时，有一天投宿在城南河边赤栏桥畔的一家客栈。他坐在桌边给刚写的新词谱曲，耳中传来阵阵琴声。声色优美，曲调婉转。

他向窗外望去，但见对面阁楼中有一女子在弹琴吟曲。此处难得遇上精通音律之人，姜夔心中多了倾慕之情。

次日清晨，他来到赤栏桥畔吹奏自己刚刚谱曲的新词，箫声空灵悠远。远在阁楼上的那个女子，此时早已被词人的箫声所迷。见面一叙，都有共同爱好，自此，姜夔与她结为知音。

博采众长的楷书大家赵孟頫

赵孟頫（1254—1322），字子昂，号松雪，松雪道人，又号水精宫道人、鸥波，中年曾作孟俯。生于元代吴兴，即今浙江省湖州市。元代著名书画家。"楷书四大家"之一。

在书法方面，据《元史》本传记载，"孟頫篆籀分隶真行草无不冠绝古今，遂以书名天下"。从而开创了元代新画风，被称为"元人冠冕"。

赵孟頫的书法作品使临习之法达到巅峰，至今仍无人能比，为后学者提供了入门及提升的捷径，并辅以坚实的路基。

■ 元代书画家赵孟頫画像

赵孟頫行书《闲居赋》局部

诅楚文 相传为秦石刻文字。战国后期秦楚争霸激烈，秦王祈求天神保佑秦国获胜，诅咒楚国败亡，因称《诅楚文》。根据所祈神名分别命名为"巫咸""大沈厥湫""亚驼"。《诅楚文》有较高的文学价值、史料价值和书法价值。

赵孟頫书法早年学宋高宗赵构书，中年学钟繇，晚年师法李北海。此外，他还临摹过元魏的定鼎碑及唐虞世南、褚遂良等人；篆书学过石鼓文、诅楚文；隶书学梁鹄、钟繇；行草书学王羲之、王献之父子，能在继承传统上下苦功夫。

他是集晋、唐书法之大成的很有成就的书法家。同时代的书法家对他十分推崇，后世有人将其列入"楷书四大家"。明代书画家董其昌认为他的书法直接晋人。

赵孟頫能在书法上获得如此成就，是和他善于吸取别人的长处分不开的。尤为可贵的是宋元时代的书法家多数只擅长行、草体，而赵孟頫却能精究各体。

赵孟頫还有颇有价值的书论，提出了不少关于书法的精到见解。

他认为："学书有二，一曰笔法，二曰字形。笔法弗精，虽善犹恶；字形弗妙，虽熟犹生。学书能解此，始可以语书也。""学书在玩味古人法帖，悉知其用笔之意，乃为有益。"

在临写古人法帖上，他指出了颇有意义的事实："昔人得古刻数行，专心而学之，便可名世。况兰亭是右军得意书，学之不已，何患不过人耶。"这些都可以给我们重要的启示。

赵孟頫楷书的特点，概括有：

是在继承传统书法的基础上，删繁就简，变古为今，其用笔不含浑，不故弄玄虚，起笔、运笔、收笔的笔路十分清楚，使学者易懂易循。

二是外貌圆润而筋骨内涵，其点画华滋遒劲，结体宽绰秀美，点画之间彼引呼应十分紧密。外似柔润而内实坚强，形体端秀而骨架劲挺。

三是笔圆架方，流动带行。赵孟頫写楷书时略用行书的笔法，使字字流美动人。

赵孟頫传世书迹较多，有《洛神赋》《行书十札卷》《归去来辞》《闲居赋》《酒德颂》《秋声赋》《仇锷墓碑铭》和《七绝诗册》等。

《洛神赋》用笔圆转流美，充分展示了赵孟頫的

倪瓒（1301—1374），初名珽，字泰宇，后字元镇，号云林子、荆蛮民、幻霞子等。元代画家、诗人。擅画山水、墨竹，师法董源，受赵孟頫影响。与黄公望、王蒙、吴镇合称"元四家"。著有《清閟阁集》。

■ 赵孟頫行书《闲居赋》局部

书法风格。元人倪瓒称赞此卷为"圆活遒媚"，并首推赵为元朝的第一书人。

《行书十札卷》为赵孟頫随意书就，故纵横幅度不一，笔意婉转，有隋唐人严谨的间架，而溢之以晋人风趣。

《秋声赋》为赵孟頫一气呵成之作，圆转遒丽，妍润多姿，是精美绝伦的绝世之作。

《闲居赋》笔意安闲，气韵清新，通篇行楷结合，方圆兼备，体态优雅，从而体现了赵孟頫书法艺术的书卷气和富贵气。

赵孟頫的书法以楷书和行书最好。此书是他楷书代表作之一，他的楷书用笔流畅随意，但又出规入矩，法度森严，其结体疏朗俊秀，飘逸洒脱，几乎无瑕。

《七绝诗册》为赵孟頫书自作七言绝句一首，诗中"云在青天水在瓶"一句借用了唐代朗州刺史李翱向禅僧药山惟俨请道的故事。

赵孟頫是元代最卓著的书法家之一，在我国书法艺术史上有着不可忽视的重要作用和深远的影响力。他的书法艺术融合了众多书家的精髓部分，对书法的统一发展有很深的意义。

阅读链接

一天，赵孟頫为管道升作诗一首："我为学士，你做夫人。岂不闻王学士有桃叶、桃根，苏学士有朝云暮云？"

想必赵孟頫是见了无数美女心有所动，便向爱妻提出了重婚申请。

管道升回了一首《我侬词》："你侬我侬，忒煞情多。情多处热如火。把一块泥，捏一个你，塑一个我，将咱两个，一齐打破，用水调和，再捏一个你，再塑一个我。我泥中有你，你泥中有我，与你生同一个衾，死同一个椁。"

赵孟頫见之，从此再不提纳妾之事。

明清两代是我国历史上的近世时期。源远流长的中华艺术史，发展至明清时期，加快了对西方艺术的理解和吸收，建筑、音乐、雕塑等门类成绩斐然。

蒯祥的皇室工程取得了建筑艺术上的光辉业绩；朱载堉在乐器发音和理论标准方面展现了令世界赞叹的才智。

我国近世时期所取得的艺术成就，在世界特别是亚洲发展史上，有着特殊辉煌的地位，是值得我们自豪的。

近世时期

艺坛师范

天安门的设计者蒯祥

蒯祥（1398—1481），字廷瑞，号香山。生于明代吴县香山，即今江苏省苏州。明代建筑匠师，香山匠人的鼻祖。据记载，蒯祥曾参与和主持了众多的皇室工程。如北京宫殿和长陵、献陵、景陵、裕陵皇陵、北京西苑殿宇、隆福寺等。尤其是他设计和建造的天安门，在我国乃至世界建筑史上都留下了辉煌的一页。

蒯祥不仅木工技术纯熟，他还有很高的艺术天赋和审美意识。据有关记载，蒯祥能以双手握笔同时画龙，技艺真可谓是炉火纯青。

■ 明代建筑匠师蒯祥塑像

■ 明成祖（1360—1424），即朱棣。明太祖朱元璋第四子，明朝第三位皇帝。在位期间经济繁荣、国力强盛，史称"永乐盛世"。原庙号太宗，后由明世宗改为成祖，谥号"启天弘道高明肇运圣武神功纯仁至孝文皇帝"，葬于十三陵之长陵。

蒯祥出身木工，他的祖父蒯思明、父亲蒯福都是技艺精湛、名闻遐迩的木匠。其父蒯福曾于明代初年主持过金陵皇宫的木作工程，在建筑界颇有声望。在祖父和父亲的熏陶下，蒯祥也是造诣很深，年轻时就有"巧木匠"之称。

明成祖迁都北京后，调集能工巧匠建造皇宫。蒯祥随其父应征，设计并直接指挥北京皇宫的营建。由于蒯祥的设计水平高人一等，被任命为重大工程的设计师。

蒯祥的第一项任务就是负责设计和组织施工宫廷的正门承天门，即今天的天安门。

在蒯祥运筹下，这项工程于1417年始建，1420年建成。当时是一座三层五间式的木结构牌楼，其城楼形状与今日大致相仿，但规模较小。

这就是最早的天安门，原名"承天门"，取"承天启运""受命于天"之意。

承天门建成之后，受到文武百官称赞，明成祖龙颜大悦，称他为"蒯鲁班"。

蒯祥成功建造了承天门，此后定居北京，担任建筑宫室的官吏，直至工部左侍郎，授二品官，享受一

牌楼 门洞式纪念性建筑物。是封建社会为表彰功勋、科第、德政以及忠孝节义所立的建筑物。也有一些宫观寺庙以牌坊作为山门的，还有的是用来标明地名的。同时牌坊也是祠堂的附属建筑物，昭示家族先人的高尚美德和丰功伟绩，兼有祭祖的功能。

■ 天安门

品官俸禄。蒯祥在京40多年，在任职期间，先后参加了不少工程修建工作。

1436年至1449年，蒯祥负责兴建太和殿、中和殿、保和殿三大殿。还于1464年亲自主持明十三陵中裕陵的建造。据明史及有关建筑专著评介，认为蒯祥在建筑学上的创造达到炉火纯青的程度。

蒯祥精通尺度计算，在营建宫殿楼阁的时候，每项工程施工前都作了精确的计算。待竣工之后，位置、距离及大小尺寸，都与设计图分毫不差，就连明宪宗也很敬重他。"凡百营造，祥无不与。"《宪宗实录》中这样评说。

蒯祥的榫卯结构技巧在建筑艺术上有独到之处。我国古代的建筑大多是木结构，其关键在于主柱和横梁之间的合理组合。蒯祥不论在用料、施工等方面，其几何原理掌握得相当好，营造的榫卯骨架都结合得十分准确、牢固。

蒯祥还将江南的建筑艺术巧妙地运用上去。在北京皇宫府第的建筑中，他采用苏州彩画，琉璃金砖，使殿堂楼阁显得富丽堂皇。

蒯祥不仅木工技术纯熟，还有很高的艺术天赋和审美意识。据记载，蒯祥身怀绘画的绝技，能以双手握笔同时画龙，合二为一，一模一样，技艺可谓是炉火纯青。

蒯祥从一个普通的木匠，成长为一位建筑大师，其中的智慧、勤奋和机遇等因素缺一不可。他的人品也很受人称赞。尽管他的官职很大，但是他为人仍然非常谦逊俭朴。

到了晚年，虽然他已经主动辞官隐退，但每当有营造工程向他请教时，他还是非常热心地指导。

1481年3月，蒯祥在北京病逝。皇帝派人致哀，赠蒯祥父亲为侍郎，并荫封他的两个儿子，一为锦衣千户；一为国子监生。

榫卯结构 榫卯是极为精巧的发明。古建筑中木构架结构的各个构件之间的结点以榫卯相吻合，构成富有弹性的框架。这种构件连接方式，使得我国传统的木结构成为超越了当代建筑排架、框架或者刚架的特殊柔性结构体，可以承受较大的荷载。

近世时期

艺坛师范

■ 故宫太和殿全景

明十三陵之献陵

蒯祥去世后，人们一直怀念着这位工匠出身的建筑大师。蒯祥在北京住处的那条巷被命名为"蒯侍郎胡同"；在他的家乡江苏省苏州市吴县建有蒯祥的祠堂；在他的出生地胥口渔帆村蒯祥墓地建有蒯祥纪念园，此园已成为苏州太湖国家旅游度假区内的一处人文景观，供人们瞻仰和缅怀。

蒯祥是"香山匠人"中的杰出代表。在他的影响下，"香山匠人"成为建筑行业里一个重要的流派，发挥着重大的作用。

艺术大家

艺术大师与杰出之作

阅读链接

蒯祥技艺高超，当年，缅甸国曾向明王朝进贡一根名贵巨木，永乐皇帝下令用它做大殿门槛。当时有一个木匠不小心把木头锯短了一尺。

蒯祥得知后，索性再锯短一尺，接着在门槛两端雕刻两个"龙头"，再在边上各镶上一颗珠子，把门坎安置其间，用活络榫头装卸。

皇帝问他为何这样制作，蒯祥说看到皇上坐轿乘辇出入宫门，如果将门槛固定，极为不便，所以特地安装了这个活动的门槛"金刚腿"。

皇帝听了十分高兴。此事轰动一时。

紫砂壶艺开山鼻祖供春

供春（约1506—1566），又称供龚春、龚春。明正德嘉靖年间人，紫砂壶制作名家。他所制紫砂茶具，造型古朴，新颖精巧，温雅天然，质薄而坚，负有盛名。当时制成的树瘿壶，后世称"供春壶"，十分令人叹服，他被后世誉为紫砂壶艺的开山鼻祖。

供春制作的紫砂壶影响十分深远，民间流传有"供春之壶，胜于金玉"的说法。此后，人们便以制作紫砂壶为业。

供春紫砂壶主要作品有树瘿壶、六瓣圆囊壶等，都是十分具有代表性，成为后世收藏精品。

■ 供春学艺雕塑

■ 明代供春树瘿紫砂壶

吴颐山 名仕，字克学。他与苏州唐伯虎等友善。1514年进士，后以提学副使擢四川参政。据记载，吴颐山未中进士前，读书宜兴金沙寺，即今江苏省宜兴。当时伴在他身边的家童供春，曾效仿金沙寺僧人捏做茶壶，日后成就了大名。

供春原为江苏宜兴进士吴颐山的家童，他在闲暇时，发觉金沙寺僧人将制作陶缸陶瓮的细土，加以澄炼，捏筑为胎，剜使中空，制成壶样，最后做成栗色暗暗如古金铁的茶壶。

这就是后来名闻遐迩的紫砂茶壶。因壶为供春所制，所以通称"供春壶"。

在当时，金沙寺僧人学习和总结了当时陶工们的经验抟坯制壶，所用的原料是从做陶器原料中淘取的"细泥"加以澄炼而成，这大约就是紫砂泥了。

制壶的方式是捏筑为胎，挖空中间的泥料，再装上嘴、把、盖等零件，附在烧陶器的窑炉中烧成。这就是早期的紫砂壶，并且紫砂是从日用陶器中分离出来的艺术品。

可惜金沙寺僧没留下姓名和作品，而他们的壶艺继承者供春倒被人们所熟知，并被视作紫砂壶艺的开山鼻祖。

供春壶之所以特别轻巧，是因为供春当日捏制陶壶时，所用的不是一般的陶土，而是寺僧洗手缸中沉淀的泥沙，甚至是手指纹螺中嵌入的沙泥，特别的纯净细腻，杂质少到最低的限度。

供春制壶起初是制着自娱的，胎体特别薄，而且是用小焙炉试焙试烧，以文火烘成，而不是大窑内猛火烧的，所以火候十分到家，壶体因而特别轻巧。

供春作品目前存世只有两件：一件树瘿壶，今藏北京国家博物馆；另一件六瓣圆囊壶，今藏我国香港茶具文物馆。

北京国家博物馆收藏的供春树瘿壶，高102毫米，宽195毫米。明供春款。把稍旁有"供春"两字刻款。壶盖止口外缘有隶书铭文："做壶者供春，误为瓜者黄玉麟，500年后黄宾虹识为瘿，英人以2万金易之而未能，重为制壶者石民，题记者稚君。"

黄玉麟是制壶大家，黄宾虹是近代名画家，那个"题记"的稚君就是宜兴金石家潘志亮。

树瘿 瘿，中医指多因郁怒忧思过度，气郁痰凝血瘀结于颈部所出现的症状。可分为"气瘿""肉瘿"及"石瘿"等。所谓"树瘿"，就是树木因受到真菌或害虫的刺激，局部细胞增生而形成的瘤状物。

陶土 是指含有铁质而带黄褐色、灰白色、红紫色等色调，具有良好可塑性的黏土。它的矿物成分主要以蒙脱石、高岭土为主。陶土主要用作烧制外墙、地砖、陶器具等。

■ 明代紫砂醉水盂

■ 宜兴龙形紫砂壶

楷体 又称正楷、楷书、正书或楷体，是汉字书法中常见的一种手写字体风格。其字形较为正方形，不像隶书写成扁形，是汉字手写体的参考标准。楷体是我国古代封建社会中最为流行的一种书体，同时在摩崖石刻中也较为常见。

此壶外形似银杏树瘿状而得名。壶身作扁球形，泥质呈素色，凹凸不平，古绉满身，纹理缭绕，寓象物于未识之中，大有返璞归真的意境。

香港茶具文物馆收藏的六瓣圆囊壶，原是仿景德镇的永乐窑竹节把壶。

六瓣圆囊壶的壶底刻有欧阳修楷体"大明正德八年供春"款，即1513年制。该铭文笔法富晋唐帖意，而"欧体"书法是明代文人所喜爱的。

此壶高96毫米，宽118毫米。明供春款。壶身分六浅瓣，配以壶盖，壶嘴及壶把皆起筋文，以应壶身的瓣纹。壶身分上下两节塑造而在壶肩相接。壶以黝黑紫砂制作，更掺以金砂闪点。

此外，据说供春还创制"龙蛋""印方""六角宫灯"等多种壶式，可惜都已流失不传。

作为紫砂壶的鼻祖，供春的首要之功是紫砂壶的制作艺术及对紫砂壶的推广。紫砂陶从其草创期起，文人就是直接或间接地参与创作的。这一传统一直延续，生生不息。

供春是跟僧人学做的壶，可能制造紫砂壶的年代要远远早于供春，宋代就有用紫砂制作的各种陶罐、陶壶。但是僧人只是自己做自己用，供春是第一位通过文人的宣传将紫砂壶推广出去的人。

当时江南饮茶之风正盛，文士雅集，品尝佳茗，作对吟诗，故必需雅器，如供春所制的紫砂茗壶更为合用，非一般家庭用器的粗大可比。同时，更展开了文人与陶工的合作，文人为陶工题名款或画梅竹，而陶工便依之刻铭或刻花。

因此，供春壶一直是作为艺术珍宝，被秘藏于名门大族之家，被文人吟咏记载于文赋之中，被辗转流传到海外，被作伪者精心仿造。

供春制作的紫砂壶产生了很大的影响。

江南 在历史上江南是一个文教发达、美丽富庶的地区，它反映了古代人民对美好生活的向往，是人们心目中的世外桃源。从古至今"江南"一直是个不断变化、富有伸缩性的地域概念。江南，意为长江之南面。在古代，江南往往代表着繁荣发达的文化教育和美丽富庶的水乡景象，区域大致为长江中下游南岸的地区。

■ 宜兴紫砂壶

明代宜兴紫砂壶

艺术大师与杰出之作

首先，当时宜兴的紫砂壶从粗糙的手工艺品发展到工艺美术创作，应该归为供春。

其次，当时和后代的许多制壶大师都争相仿制供春壶。历来宜兴的紫砂名家高手，仿制供春壶的人是很多的。像清代的黄玉麟、江案卿，近代的裴石民，当代的汪寅仙、徐汉棠等，都对供春壶进行过研究，他们万变不离其宗，都按照供春壶仿制过。

由此可见，供春在我国紫砂文化史上是一个开创性的人物。

阅读链接

在明代正德年间，文人们对于奇石有种独特的审美，他们认为"丑极"就是"美极"，如果一块石头达到了"瘦、漏、透、绉"的程度，这就是一块美石。

当时供春仿照一棵大银杏树的树瘿，也就是树瘤的形状做了一把壶，并刻上树瘿上的花纹。烧成之后，这把壶非常古朴可爱，很合文人的意。这种仿照自然形态的紫砂壶一下子出了名，人们都叫它"树瘿壶"。

由于文人爱喝茶，大家在一起谈论文学时品茶聊天，于是，树瘿壶就这样传播开了。

钢琴理论的鼻祖朱载堉

朱载堉（1536—1611），字伯勤，号句曲山人，青年时自号"狂生""山阳酒狂仙客"，又称"端靖世子"。生于明代怀庆府河内县，即今河南省沁阳市。明代著名的律学家和艺术家，有"律圣"之称，被誉为"钢琴理论的鼻祖"。

朱载堉所创建的"十二平均律"，在乐器发音和理论标准方面，在世界范围内产生了广泛影响。中外学者尊崇他为"东方文艺复兴式的圣人"。朱载堉还被列为"世界历史文化名人"。

■ 明代著名律学家朱载堉雕像

■ 明代时的宫廷音乐

瑟谱 我国以瑟为伴奏乐器用于歌唱诗经的乐谱。宋末元初人熊朋来编著，共6卷。内容包括介绍瑟的形制及演奏方法，歌唱诗经的旧谱12首和他创作的新谱20首，以及孔庙祭祀音乐的乐谱等。

算盘 又作祘盘。我国使用的一种计算用具，迄今已有2600多年的历史。算盘为长方形，木框中嵌有细杆，杆上串有算盘珠，算盘珠可沿细杆上下拨动，通过用手拨动算盘珠来完成算术运算。

朱载堉的父亲朱厚烷是明仁宗朱高炽的第五世孙，袭父封爵，为郑恭王。朱厚烷能书善文，精通音律乐谱，朱载堉自幼深受影响，他喜欢音乐、数学，聪明过人。10岁时攻读《尚书盘庚》等史书，并被封为世子。

朱载堉的家后来遭遇变故，但朱载堉仍然以学问为主，布衣蔬食，发奋攻读，致力于乐律、历算之学的研究，撰写了大量学术著作。

先后著有《瑟谱》《律历融通》《律学新说》《律吕精义》《乐学新说》，以及《嘉量算经》《圆方勾股图解》等。这些著作，大部分都收入他的《乐律全书》中。

朱载堉的最大贡献是创建了"十二平均律"。此理论被广泛应用在世界各国的键盘乐器上，包括钢琴，朱载堉因此被誉为"钢琴理论的鼻祖"。

事实上，创建"十二平均律"，需要解决围绕这一难题的一系列学术课题。首先要找到计算"十二平均律"的数学方法。

朱载堉应用自制的八十一档双排大算盘，开平方、开立方求出"十二平均律"的参数，详尽程度超过我国古代的数学专著，计算结果精确程度达25位有效数字。

我国台湾学者陈万鼐先生说："开方的方法既非朱载堉所发明，精于打算盘也无所谓学术价值，但他开方开到有效数字达25位数，恐怕自古以来的数学家，也只有他是唯一最精确而有耐心的人。"

朱载堉用横跨81档的特大算盘，进行开平方、开立方的计算，提出了"异径管说"，并以此为据，设计并制造出弦准和律管。"十二平均律"使这12个键的每相邻两键音律的增幅或减幅相等。

 古代乐器

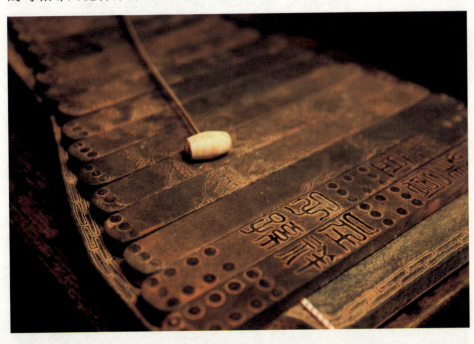

朱载堉的著作

艺术大家

艺术大师与杰出之作

旋宫 我国古代乐理术语，亦称"旋宫转调"。"旋宫"指：宫音在十二律上的位置有所移动，这时，商、角、徵、羽各阶在十二律上的位置当然也相应移动；"转调"指：由于曲调的主音由不同阶名的音来担任而造成的调式转换。

对这个音乐领域遗留了1000多年的学术难题，朱载堉经过几十年的潜心研究，终于以他的"十二平均律"解决了。

"十二平均律"一经出现，世界上的乐器发音和理论标准绝大多数都是参照"十二平均律"的。比如说被称为"乐器之王"的钢琴，就是依据"十二平均律"的原理发明的。

直至今天，世界上十有八九的乐器定音，都是在"十二平均律"的基础上完成的，它被今天的西方普遍认为是"标准调音""标准的西方音律"。

"十二平均律"是音乐学和音乐物理学的一大革命，也是世界科学史上的一大发明。在我国古代音律学发展过程中，如何能够实现乐曲演奏中的旋宫转调，历代都有学者孜孜不倦进行探索，但是到朱载堉时无人登上成功的峰顶，只有朱载堉彻底解决了这一问题。

17世纪，朱载堉研究出的"十二平均律"的关键数据"根号2开12次方"，被传教士通过丝绸之路带到了西方，巴赫根据它制造出了世界上第一架钢琴。如果把巴赫称为钢琴之父的话，朱载堉便可以称为钢琴之祖了。可以想见，如果没有"十二平均律"，帕瓦罗蒂的《我的太阳》就没法演唱，因为此曲里面有转两个八度的音。

我国著名的律学专家黄翔鹏先生说："'十二平均律'不是一个单项的科研成果，而是涉及古代计量科学、数学、物理学中的音乐声学，纵贯我国音律学史，旁及天文历算并密切相关于音乐艺术实践的、博大精深的成果。"

朱载堉不仅是伟大的科学家和音乐家，而且还是乐器制造家，他不满足于因循旧说，敢于向历代相传的律制理论提出疑问，另立新说，以实事求是的态度进行研究，精心制作出了世界上第一架定音乐器，把"十二平均律"的理论推广到音乐实践中。朱载堉还制作了36支铜制律管，每管表示一律。

朱载堉在他的著作中，对每律的选材、制作方法、吹奏要求都有

朱载堉纪念馆

详细的说明，数据极其精密。比利时布鲁塞尔乐器博物馆馆长马容经过20多年的研究，复制了其中的两支律管，他说："这样伟大的发明，只有聪明的中国人才能做到。"

德国物理学家赫尔姆霍茨这么评价朱载堉："在中国人中，据说有一个王子叫朱载堉的，他在旧派音乐家的大反对中，倡导七声音阶。把八度分成12个半音以及变调的方法，也是这个有天才和技巧的国家发明的。"

朱载堉还首创了"舞学"，为舞学制订了大纲，奠定了理论基础，并绘制大量舞谱和舞图。他的"天下太平"字舞谱，也为今天的团体操开创了先河。

朱载堉又提出较为系统的音乐教学体系，他的集体教唱、乐器伴唱、识谱学唱，在我们今天的音乐教学中仍被广泛应用。

朱载堉的科学贡献是巨大的，他是我国封建社会一位富有创造性的学者，是明代科学和艺术上的一颗巨星。朱载堉和郭沫若一起被列为"世界历史文化名人"。

阅读链接

1550年的某一天，身为世子的朱载堉住到了今河南省沁阳一间小土屋里。原来，他的父亲郑王朱厚烷犯了圣怒，被嘉靖皇帝治罪并发往中都凤阳软禁。

而朱载堉认为，父王并没有犯什么错误。但身为皇室成员，他既痛恨又无法发泄，他发誓，父王一天不归，他一日不回宫。就这样，他在这里一住就是19年，直至隆庆初年，郑王被赦返宫。

后来，朱载堉又上书恳请将爵位让给同族兄弟。他的行为在朝野之中引起了巨大震动，人们把他称为"异人"。

师法古人自成风的董其昌

　　董其昌（1555—1636），字玄宰，号思白、香光居士。生于明代华亭，即今上海市松江。明代书画家。谥"文敏"。他擅长画山水，笔法清秀中和，恬静疏旷；用墨明洁隽朗，温敦淡荡；青绿设色古朴典雅。以佛家禅宗喻画，倡"南北宗"论，为"华亭画派"杰出代表。

　　其画及画论对明末清初画坛影响甚大，著有《画禅室随笔》《容台文集》等；书法出入晋唐，自成一格。

　　存世作品有《题米芾蜀素帖》《答客难》《临柳公权兰亭诗》等。

■ 明代书画家董其昌画像

八法 这里指汉字笔画，即点、横、直、钩、斜画向上、撇、右边短撇、捺，谓之"八法"。此外，八法还有医学、武术、法治及占卜等方面的不同用意。

董其昌走上书法艺术的道路，出于一个非常偶然的机会。他在17岁时参加会考，松江知府衷贞吉在批阅考卷时，本可因董其昌的文才而将他名列第一，但其考卷上字写得太差，遂将第一改为第二，同时将字写得较好些的董其昌堂侄董源正拔为第一。这件事极大地刺激了董其昌，自此钻研书法。

董其昌几乎学习研究了以前绝大部分名家，从颜真卿、柳公权、怀素、米芾，直至元代的赵孟頫，对古代名家墨迹认真临摹，在用笔用墨和结体布局方面，能融会贯通各家之长，以古为师，以古为法。

他的书法成就一方面得力于自己刻苦勤奋，善于深刻地悟通、反省；另一方面也不能忽视其与大收藏家项元汴的交往，得以饱览许多书画真迹。

董其昌的书法可以说是集古法之大成，"六体"和"八法"在他手下无所不精。其书法以行草书造诣最高，行书以"二王"为宗，又得力于颜真卿、米芾诸家，赵孟頫的书风也或多或少地影响到他的创作。

董其昌草书根植于颜真卿《争座位》和《祭侄稿》，并有怀素的圆劲和米芾的跌宕。用笔精到，能始终保持正锋，作品中

■ 董其昌行书《题米芾蜀素帖》

很少有偃笔、拙滞之笔；用墨也非常讲究，枯湿浓淡，尽得其妙；风格萧散自然，古雅平和，或与他终日性情和易，参悟禅理有关。

他的许多作品行中带草，有的作品用笔有颜真卿率真之意，体势有米芾的侧欹，而布局得杨凝式的闲适舒朗，神采风韵似赵孟頫，轻捷自如而风华自足。

下面就《答客难》《临柳公权兰亭诗》和《三世诰命卷》试作赏析。

《答客难》行书以闲散白若、漫不经意的笔画，空朗疏阔的章法，以润为主、以淡居多的墨色，充分地表现了萧散疏淡、秀润自然的审美境界。

《答客难》的字里行间突出虚笔，不用实笔。以轻笔和提笔为主，少重笔和按笔。纤细中有肥瘦变化，细而不单，细而能腴。露锋尖入，轻松俊爽。转折处省略方顿，圆转流畅。笔画间纤细的引带牵丝连绵，增添了轻柔虚散的意味。

该作品突出了淡墨的艺术表现性。浓墨易于表现厚重雄浑的阳刚之境，而淡墨更便于抒写虚和清远的阴柔之趣。其墨色淡而不枯，有柔和之气。

《临柳公权兰亭诗》为董其昌临写作品，实际上属背临，故而没有完全按照对临的常规，将字数、行数统一格式，这也许是导致阙漏的原因。书风更是出

157

■ 董其昌行书《题米芾蜀素帖》

六体 6种字体。一是指古文、奇字、篆书、隶书、缪篆、虫书；二是指大篆、小篆、八分、隶书、行书、草书。唐代张怀瓘有《六体论》，阐述六体字奥义及其书法技巧。

以己意，运笔潇洒，转折灵活，神完意足。

《临柳公权兰亭诗》通篇无一懈笔，点画的肥瘦和牵丝的联系也极为合度和自然，充分体现了背临的特点。笔法流畅，气韵古淡潇洒。董其昌学识渊博，精通禅理，是一位集大成的书画家，在我国美术史上具有一定的地位。此外，他的《画禅室随笔》是研究我国艺术史的一部极其重要的著作。

《三世诰命卷》书写于明天启五年(1625年)。这一年，董其昌71岁，正是"通会之际，人书俱老"之时。此件作品为纸本，分为三段，第一段纵26.2厘米，横181.4厘米；第二段纵26.4厘米，横233.6厘米；第三段纵263厘米，横291.8厘米。《三世诰命卷》的内容为董其昌祖父母、父母和董其昌夫妇的三代诰命。

此件作品通篇下笔恭谨，一丝不苟，中规入矩，结体端庄，章法严整，横平竖直，充分体现了董其昌

■ 董其昌行书《临柳公权兰亭诗》

书写时的心境。值得称道的是，此件作品虽然在整体上属于平正、端庄的风格，但在书写过程中也不乏灵动、俏丽之处。如"昌之母柔顺无仪，精英有识，仙姿玉佩"等句，舒缓的行笔中多有行书笔意，在方正中流露一种灵秀之气。

阅读链接

相传，董其昌有一次回松江祭祖，应超果寺当家之请，为新建的览楼写匾额。当时有个"一"字总写不好，这时有个瘸腿乞丐快速近前脱下草鞋蘸上墨，一挥而就。

那"一"字竟实属好字！写毕，瞬间不知去向。

过几天，董其昌在无锡又遇见那个乞丐，就相邀他到松江，两人同登方塔，眺望府城风光。那乞丐说自己便是铁拐李，董其昌就跪拜要求学仙。铁拐李要董其昌一起跨向西林塔。正在犹豫，铁拐李飞身一跃，已在西林塔顶笑着招手了。

别树一帜的书法家王铎

艺术大师与杰出之作

王铎（1592—1652），字觉斯，一字觉之，号十樵、嵩樵，又号痴庵、痴仙道人，别署烟潭渔叟。生于河南省孟津县。明末清初大臣、书画家。谥"文安"。他的书法独具特色，世称"神笔王铎"。

与董其昌齐名，明末有"南董北王"之称，有广泛的世界性影响。王铎擅长行草，笔法大气，劲健洒脱，淋漓痛快。书法代表作品有《临王筠帖轴》《洛州香山诗轴》《拟山园帖》和《行草自书诗》等。

王铎的山水画景色比较写实，山石造型方峻，勾皴相间，气势雄伟。他以元人的笔墨技法画出了宋人味道，真可谓造诣高深。

■ 王铎的山水画

王铎幼时家境十分贫寒，过着"不能一日两粥"的生活。1622年中进士，受到考官袁可立的赏识推荐，入翰林院庶吉士，累擢礼部尚书。清朝入关后被授予礼部尚书、官弘文院学士，加太子少保。于1652年病逝故里。

王铎博学好古，善于绘画。他的山水画景色比较写实，山石的造型方峻，勾皴相间。人物画极少见，而且画法比较简略、写意。王铎最大的成就在于书法，其书法独具特色。

王铎为了提高书法水平，每日临帖，从不间断。他一生独尊"二王"，兼习钟繇、颜真卿、米芾等大家，因此书法笔力雄健，长于布白，楷、行、隶、草无不精妙。他的书法用笔，出规入矩，张弛有度，却充满流转自如，力道千钧的力量。

当时的书坛流行董其昌书风，王铎与黄道周、倪元璐、傅山等人提倡取法高古，于时风中别树一帜。他的书法无论是伟岸遒劲的大楷，高古朴厚的小楷书，还是飞腾跳踯的行草书，在晚明书坛上都应说是一流的。

王铎的墨迹传世较多，不少法帖、尺牍、题词均有刻石。其中比较有名的是《壬午临柳公权帖轴》《临王筠帖轴》

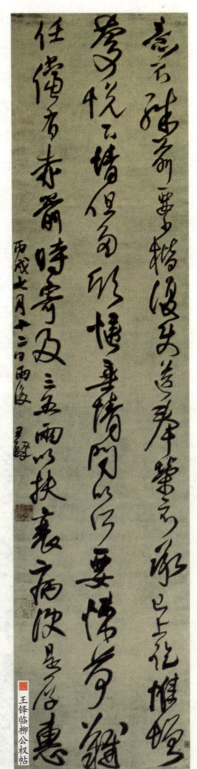

王铎临柳公权帖

《洛州香山诗轴》《奉龚孝升书卷》《拟山园帖》和《行草自书诗》。

《壬午临柳公权帖轴》为草书，它的最大特点是布白。作者用三行布白法，写出五行书来。

此作起首在一行空白中挤出密密的两行小字，结尾以贴零的方法在边沿空隙中挤出一行小字。完全打破了传统的章法平衡美原则。这种平面空间构成上的美学创造，至今已历400多年而无人居其右。

《临王筠帖轴》为四行书，主题三行书如空中的柳条左右摇曳飞舞，没有一处是垂直平衡和安静的，最后一行书乃落款小字，更是从左上向右下摇荡，末了还在边空贴零挤上"王铎"两字款。

此作通过布白，一下子在大幅立轴作品中显示出

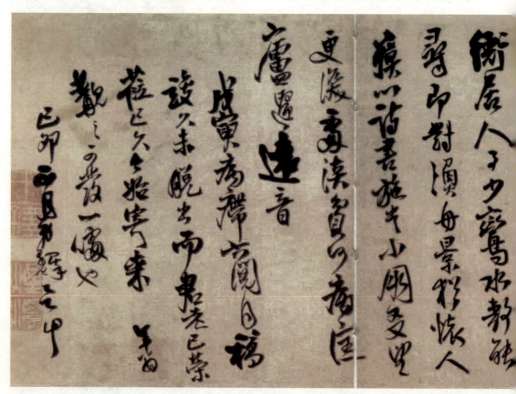

前所未有的惊险效果。这正是王铎平面视觉空间构筑上贯彻其所谓"幽险狰狞"的"魔鬼美学"原则，让人在视觉上如此强烈地感受到劈山超海，飞沙走石，天旋地转，鞭雷电而骑雄龙的意象。

《洛州香山诗轴》在结字上把米芾的欹侧发挥到了极致，再以涨墨法略去点画改变字形，确实有"破鬼胆"之怪。再以中锋强力掠扛，轻重对比强烈，真正有神龙飞腾的不测之力。

《奉龚孝升书卷》行笔刚毅，元气充盈，既是晚年颓废生活偶发牢骚的写照，也是悲剧情怀的痛苦表露，堪称行书代表作之一。

《拟山园帖》是王铎的最有名的代表作，王铎就是因为这件作品而被称为"神笔王铎"。

法帖 我国书法艺术载体之一。在造纸发明以后，书写在纸或丝织品上的、篇幅较小的文字称为帖。宋代出现了汇集历代名家书法墨迹，将其镌刻在石或木板上，然后拓成墨本并装裱成卷或册的刻帖。它使古人书法得以流传，又是学习书法的范本，故又称之为法帖。

■ 王铎行草《自书诗卷·君宣年家兄翁》作品

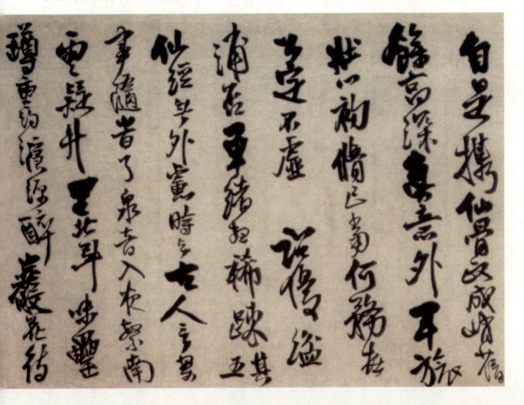

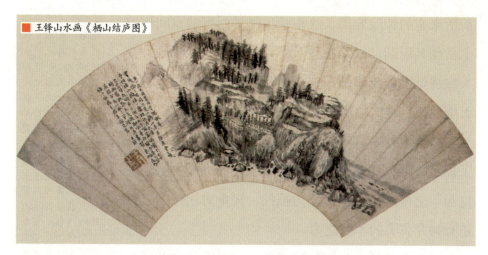

■ 王铎山水画《栖山结庐图》

　　此帖共10卷，全刻王铎一家之书，属于清代个人丛帖，共103种，其中大多为临古之书。此帖无论是所选之帖还是摹刻方面，都极为精妙，历来为书家所宝。

　　《行草自书诗》不重气势，只是信笔挥洒，极具自然之态。书法笔势连绵，字间虽连带不多，但笔断意连，行气贯通，运笔流畅。此卷为王铎中年时所书，恰是其书风形成时期，故颇具苍郁雄畅之风，属王铎中年时期的典型作品。

　　王铎的书法有广泛的世界性影响。其书法在日本、韩国、新加坡等国深受欢迎。日本人对王铎的书法极其欣赏，还因此衍发成一派别，称为"明清调"。他们把王铎列为第一流的书法家。

阅读链接

　　有一年，当朝皇上要在金銮殿上加一块"天下太平"的金匾，以记太平盛世。王铎奉诏来到金銮殿，掂起斗笔，结果却写成了"天下大平"。众人见状，无不惊愕。

　　只见王铎再拿斗笔，蘸好金粉，站在匾底下抬手一掷，那支笔便飞向金匾，笔锋所触之处，正好补上"太"字那一点，不露丝毫破绽。皇上龙颜大悦，竖起大拇指夸奖道："爱卿，你真不愧称'神笔王铎'呀！"